INDONESIAN
STORIES
FOR LANGUAGE LEARNERS

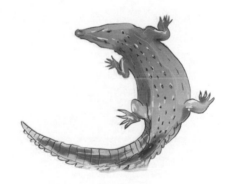

A character in the Princess Tamdampalik performance from South Sulawesi.

INDONESIAN
STORIES
FOR LANGUAGE LEARNERS

Traditional Stories in Indonesian and English

Katherine Davidsen and Yusep Cuandani

Illustrated by Tante K Atelier

TUTTLE Publishing

Tokyo | Rutland, Vermont | Singapore

Contents

Introduction

This anthology of traditional stories from Indonesia is not your usual collection of short stories, myths and legends. Instead, the stories are presented in different formats using various text types to explore the ideas and issues in each tale. In adopting this approach, we have reinvented some stories, taken a particular viewpoint in others, and made the stories as a whole more relevant and engaging for learners of Indonesian in the twenty-first century.

The text types we include are similar to those studied in upper secondary courses teaching Indonesian as a foreign language, such as dialogue, diary entry and news report. As rewritten legends, they also exemplify various types of Indonesian literature. In using these text types, we hope to provide examples, if not models, of how a particular text type is dealt with in Indonesian. A **pantun**, or traditional Malay form of poetry, is also included as an indigenous Indonesian literary form.

The stories in the anthology were chosen for a number of reasons, but primarily because they represent a range of cultures across the archipelago. A couple of the stories are famous, but the majority are less familiar. We have also tried to present stories from a female perspective, as well as from other groups whose voices are not always heard. In doing so, we have tried to give a modern twist to many stories. Obviously, there are limitations. Multiple versions of each legend exist, and some readers may not agree with our interpretations. But each story has been thoroughly researched and we have endeavoured to add authentic local flavour.

The stories are graded roughly in order of difficulty. On average, they are 600 words long, although the **pantun** and poems are shorter. As the volume progresses, the stories become longer, as do the sentences, and the vocabulary more complex. We have included lists of (new) key words after each story, and a consolidated glossary at the end of the book. We hope these lists will assist in reading the stories.

Assembling and rewriting the stories in this anthology has been an inspiring journey—sometimes touching our hearts, at other times bringing us close to tears, and always interesting. We hope that through these tales, discussion of issues in modern Indonesia, as well as the essence of the country's famous tales, will be both an enjoyable and enlightening experience.

As you can see from the map below, Indonesia is a diverse nation of over 13,000 islands stretching from Sabang (an island west of Banda Aceh) to Merauke (a city east of Yos Sudarso island in Papua). This map should help to give you some geographical context to the stories in this anthology. Knowing which region a story comes from enables the learner to put the story in context, and be able to read more widely about the peoples and cultures of that particular part of Indonesia.

The online audio recordings can be used in various ways. Firstly, as a guide to the sound of the language, its intonation (usual emphasis on the penultimate syllable of words) and cadences. In addition, listening to the audio version of the stories will help the learner with pronunciation of individual words. Studying

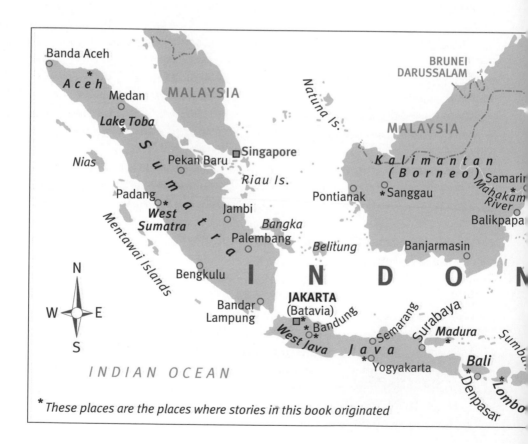

* These places are the places where stories in this book originated

from a book, especially alone, is by definition less than interactive, so having the audio recordings to hear the texts out loud will help to reinforce language learning, as well as to bring each story to life. Many learners may prefer to follow the text as they read; some will rely on the text as the primary focus; while others who are more capable orally may prefer audio input for the stories. By providing both audio and text, we hope that these can complement each other and reinforce the words, phrases and structures being studied.

Katherine Davidsen
Yusep Cuandani

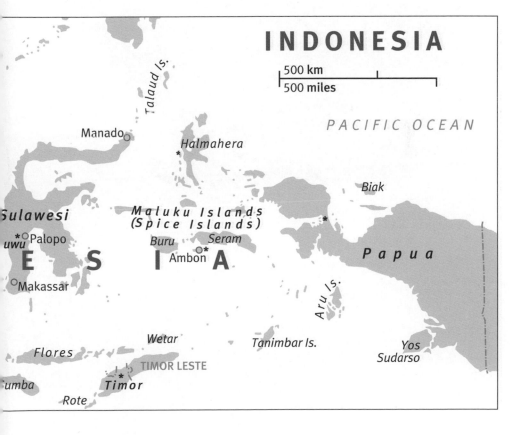

The Stories

Red and White

Merah Putih *(Red and White) is a regional song from Bali. It was created by a very famous figure in Balinese culture, I Gde Dharna. It is one of the songs that school students must learn and sing on special days or at concerts or the openings of sporting events. Apart from* **Merah Putih***, I Gde Dharna also wrote many other songs, such as the "Buleleng Rises Up" march and the "Bali Police" march. Born on October 27, 1931, he received the Widya Pataka award from the Balinese provincial government. He died at the age of 84.*

I Gede Dharna

Voice

♩= 80

Me - rah pu - tih   i - tu - lah ben - de - raku   Ber - ki - ba -

- ran di la - ngit te - rang ben - de - rang   I - tu lam - bang ji - wa rak - yat In - do - ne -

- sia   Me - rah b'ra - ni   da - sar - nya ha - ti yang su - ci   Pu - sa - ka

a - dil dan lu - hur ja - ya sak - ti   Me - rah pu - tih   i - tu - lah ben - de - ra - ku

Merah Putih

'Merah Putih' adalah lagu daerah yang berasal dari Bali. Lagu ini dibuat oleh seorang budayawan Bali yang sangat terkenal, bernama: I Gde Dharna. Lagu ini menjadi salah satu lagu wajib yang selalu dinyanyikan oleh murid-murid sekolah atau di hari-hari istimewa seperti konser, atau pembukaan pentas olahraga. Selain Merah Putih, I Gde Dharna juga menciptakan banyak lagu lainnya, seperti: 'Mars Buleleng Membangun' dan 'Mars Polda Bali'. Pria yang lahir pada tanggal 27 Oktober 1931 ini pernah mendapatkan penghargaan Widya Pataka dari pemerintah Bali ini meninggal dalam usianya yang ke 84 tahun.

Merah putih itulan benderaku
Red and white are the colors of my flag

Berkibaran di langit terang benderang
Fluttering in the bright sky

Itu lambang jiwa rakyat Indonesia
A symbol of the Indonesian people's soul

Merah b'rani dasarnya hati yang suci
Red for bravery as a foundation, a pure heart

Pusaka adil dan luhur jaya sakti
Fair and noble heritage, victorious and magical

Merah putih itulah benderaku
Red and white, the colors of my flag.

Cultural Notes

1. This is an Indonesian translation of a song in the Balinese language. Here is the original:

   > **merah putih benderan titiange**
   > **berkibaran di langite terang galang**
   > **nika lambang jiwan rakyat Indonesia**
   > **merah brani madasar hatine suci**
   > **pusaka adil lan luhur jaya sakti**
   > **merah putih benderan titiange**

2. As you can see, there are similarities between Indonesian and Balinese, yet Balinese is very much a separate language. Like Javanese and Sundanese, it uses levels, depending on whether you are speaking informally at the market, or addressing someone of high status in your community.

3. The Indonesian flag flies across the nation, at offices, schools and government buildings. During the two weeks before and after Independence Day on August 17, every Indonesian household is expected to fly the flag as well. Bunting, banners and other red and white decorations are sold by the side of the road at this time, and many villages or complex decorate the gateway to their community with elaborate designs, paintwork and the date (e.g. 17 – 8 – 20 if done in 2020).

4. Bali occupies a special place in Indonesian hearts. The mother of Sukarno, Indonesia's first president, was Balinese. For this reason there is a presidential palace at Tampaksiring in central Bali. Bali was also the location of many protests against Dutch rule, especially the Perang Bubutan in 1906 where many Balinese sacrificed themselves.

5. In more recent times, Bali has become the favorite playground for wealthy Indonesians to take a holiday and enjoy its famous beaches, beautiful and exotic Hindu temples, and magnificent mountains such as Mt. Agung and Mt. Batur.

6. Bali is the only Hindu-majority province in Indonesia, dating from many centuries ago when most Hindus moved east from Java after the arrival of Islam.

Key Words

budayawan   cultural figure
terkenal   famous, well-known
salah satu   one of
istimewa   special
pembukaan   opening (of)
menciptakan   to create
mendapatkan   to gain
penghargaan   appreciation, award
pemerintah   government
bendera   flag
berkibar   to flutter
langit   sky
lambang   symbol
dasar   foundation, base
suci   pure
pusaka   heritage
luhur   noble

Comprehension Questions / Pertanyaan-pertanyaan

1. What are the colors of the flag mentioned in the song?
   Ada berapa warna bendera yang disebutkan dalam lagu di atas?

2. How is the soul of the Indonesian people described in the song?
   Bagaimanakah sifat jiwa bangsa Indonesia yang digambarkan dalam lagu itu?

3. State an example of a daily activity that shows a white, pure heart.
   Sebutkan contoh perbuatan sehari-hari yang menggambarkan hati yang putih.

4. State an example of a daily activity that describes bravery.
   Sebutkan contoh perbuatan sehari-hari yang menggambarkan berani.

5. Is the writer proud of his flag? Why?
   Apakah penulis merasa bangga dengan benderanya? Mengapa?

Pitter-Patter Raindrops

Tik tik tik *is a very popular children's song in Indonesia. It was written by Ibu Sud, who was famous for writing children's songs since Dutch times, including* Hey, becak! *and* Riding the Horse-cart. *Indonesia has two major seasons: the wet and the dry. The rainy season falls between September and March, although in more recent years this has become less stable as climate change progresses. This song celebrates the falling of rain from a child's perspective.*

Tik   tik   tik bu-   nyi hu-   jan   di a-
Pitter-patter, the sound of rain

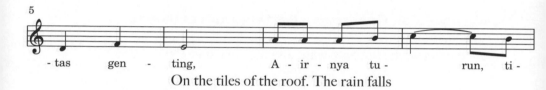

-tas   gen -   ting,   A-ir-nya tu-   run,   ti-
On the tiles of the roof. The rain falls

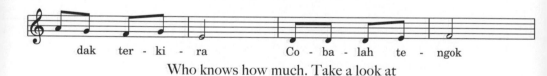

dak ter-ki-ra   Co-ba-lah te-ngok
Who knows how much. Take a look at

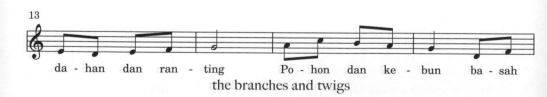

da-han dan ran-ting   Po-hon dan ke-bun ba-sah
the branches and twigs

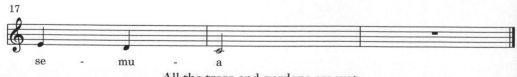

se -   mu -   a
All the trees and gardens are wet.

Tik Tik Tik, Bunyi Hujan

'Tik tik tik, bunyi hujan' adalah lagu anak-anak yang sangat populer di Indonesia. Lagu ini diciptakan oleh Ibu Sud, yang terkenal atas menciptakan lagu anak-anak sejak zaman Belanda, termasuk Hai Becak dan Naik Delman. Ada dua musim utama di Indonesia: musim hujan dan musim kemarau. Musim hujan berlangsung dari bulan September sampai bulan Maret, walaupun belakangan ini kurang tepat akibat perubahan iklim. Lagu ini merayakan jatuhnya hujan dari sisi seorang anak.

2.
Tik-tik-tik, bunyi hujan
Pitter-patter, the sound of rain

bagai bernyanyi
Is like singing

Saya dengarkan
I listen to the rain

Tidaklah jenuh
Never getting bored

Kebun dan jalan semua sunyi
Gardens and streets are all quiet

Tidak seorang berani lalu
Nobody dares to go out.

3.
Tik-tik-tik,
Pitter-patter

hujan turun dalam selokan
The rain falls in the drains.

Tempatnya itik
Where the ducks

berenang-renang
Go for a swim

Bersenda gurau, menyelam-nyelam
Joking around, diving up and down

Karena hujan bersenang-senang
Having such fun in the rain.

Discussion Questions

1. How do other languages replicate the sound of rain? (That is, **tik-tik-tik** in Indonesian.)
2. What is the significance of rain? What does it mean when it falls?
3. How does rain affect our daily activities?
4. When are we grateful for rain? When do we curse it?

Cultural Notes

1. Indonesia holds a number of records for rain. The city of Bogor (known as **Kota Hujan** or Rainy City) is on the island of Java, one of the rainiest islands in the world. The songwriter grew up in Sukabumi, a town a few miles south of Bogor and similarly rainy. (Most cities in Indonesia have a nickname like this: Bandung is **Kota Kembang** or City of Flowers, Surabaya is **Kota Pahlawan** or City of Heroes, and Pekalongan is **Kota Batik** or Batik Town.)

2. While in some drier countries rain is a welcome change from extended drought, its common occurrence in Indonesia means that it is often more of a nuisance than a cause for celebration. Motorcyclists will gather under bridges to avoid riding in the rain, thus causing traffic jams.

3. Even if they have an umbrella, people will use the rain as an excuse not to go out. Large, low-lying cities like Jakarta and the southern part of Bandung are prone to flooding, thanks to over-population and the resultant strain on facilities and lack of run-off for water.

4. Interestingly, despite the high level of rainfall, many private houses do not have gutters along the edges of their roofs to catch and divert rain into drains or tanks: it is quite common to see water gushing off roofs, which all contributes to problems of flooding.

5. During the rainy season (or monsoon), rain may fall regularly at a certain time each day. Occasionally, depending on weather conditions (including El Nino and La Nina phenomena), rain may fall for days on end. It is this kind of weather that causes ongoing flooding.

6. Awareness of environmental issues, such as the clearing of vegetation upstream and excessive pressure placed on drains, is slowly growing. Flooding not only inundates homes, shops and places of worship, but ruins furniture and belongings, brings disease as the water is dirty, and can cause electrocution if power supplies are not quickly switched off.

Key Words

genting, genténg   roof tile
tidak terkira   incalculable, unable to be guessed at
téngok, menéngok   to look (synonym of **melihat**)
dahan   branch, bough
ranting   twig, small branch, stem
bagai   like, in the shape of
jenuh   bored, tired
sunyi   quiet, silent
lalu   pass by
selokan   drain, gutter (by the side of the road)
itik   duck (synonym of **bébék**)
bersenda gurau   to joke around
menyelam   to dive

Comprehension Questions / Pertanyaan-pertanyaan

1. What word is used for the sound of rain?
   Kata apa yang dipakai untuk bunyi hujan?

2. In the song, is it only drizzling, or is the rain heavy?
   Di lagu, apakah hanya gerimis, atau hujan besar?

3. For the songwriter, what activity is the sound of rain like?
   Bagi penulis lagu, bunyi hujan seperti kegiatan apa?

4. Is the sound of rain boring? Explain.
   Apakah bunyi hujan membosankan? Jelaskan.

5. Which animal likes the rain?
   Binatang apa yang suka keadaan hujan?

The Prince with a Golden Ring

Crown Prince Amat Mude is still young when his father dies. His uncle takes over and, as Amat Mude comes of age, sets him various tasks in order to become king. Amat Mude is helped by animals in his quest. This story about Crown Prince Amat Mude comes from Aceh. It is written in the form of a **pantun**, *a poetic literary form famous in Malay culture. A* **pantun** *is constructed of several verses. Each verse consists of four lines, with a rhyming pattern A B A B. The first two lines usually relate to nature and indirect references (allusions), while the third and fourth lines are primarily about more concrete, worldly things. These four lines are all linked together.*

Once upon a time in Aceh
lived a queen and king,
wanting to hear babbling sounds
since they lived as a couple.

The blue whale, the white beluga
their skin as smooth as silk cloth.
Finally, one morning
the queen gave birth to a son.

Rueck's blue-flycatcher chicks
have songs that are very beautiful.
Not only handsome and clever,
Amat Mude was an active baby.

The yellow magnolia,
symbol of the distant land of Aceh.
A very joyous party was held,
guests were invited from all over.

From the world of animals, too,
a crocodile came from afar.
Fish came from the ocean,
a dragon also came to the palace.

Not only months,
but the years passed by.
The king's family was so happy,
Amat Mude grew up healthy.

However, their happiness came to an end
when the king suffered a grave illness.
Still at a young age
Amat Mude lost his father.

Although the tree is as strong as steel,
it is washed by a wave to the shore.
Uncle succeeded in becoming king,
Amat Mude and the queen were cast out.

Told by his Uncle to go hunting,
With the intention they did not return,
Amat Mude and his esteemed mother
Were abandoned in the forest.

At the western tip of Indonesia
The white-rumped shama plays.
Living together in the jungle,
Amat Mude built a simple house.

Putera Mahkota Amat Mude

*Judul cerita rakyat Aceh ini diambil dari Putera Mahkota Amat Mude, anak yang masih muda ketika ayahnya wafat. Pamannya yang kemudian naik takhta memberi berbagai tugas saat Amat Mude menjadi dewasa, sebelum dia dijadikan raja. Cerita Putera Mahkota Amat Mude berasal dari Aceh. Di sini, ditulis dalam bentuk pantun. Pantun adalah bentuk sastra yang amat terkenal di budaya Melayu. Sebuah pantun disusun dari beberapa stanza. Setiap stanza terdiri dari empat **bait**, dengan pola A B A B. Kedua bait pertama biasanya berhubungan dengan alam dan sindiran, sedangkan bait ketiga dan keempat mengenai hal yang lebih **duniawi** dan nyata, tetapi masih ada kaitan dengan bait pertama dan kedua.*

Sekali waktu di Tanah Aceh
hidup seorang Ratu dan Raja,
ingin mendengar suara **mengoceh**
karena tinggal berdua saja.

Ikan paus, ikan beluga
kulitnya sehalus kain sutera.
Suatu pagi akhirnya juga
Ratu melahirkan seorang putera.

Anak-anak burung sikatan
nyanyiannya sangat indah.
Tak hanya **gagah** dan **cekatan**,
Amat Mude bayi yang **lincah**.

Bungong jeumpa, **cempaka** kuning
perlambang Tanah Aceh sana.
Diadakan pesta sangat **meriah**,
tamu diundang dari mana-mana.

Dari dunia hewan pula
buaya datang dari sana.
Ikan datang dari **samudera**,
naga pun hadir di istana.

Tidak hanya bulan saja,
tahun **demi** tahun juga lewat.
Begitu bahagia keluarga Raja,
Amat Mude tumbuh dengan sehat.

Namun kebahagiaannya sudah
saat Raja menderita sakit **payah**.
Pada **usia** masih muda
Amat Mude kehilangan ayah.

Meski pohon sekuat **baja**,
Terhanyut ombak besar ke pinggir.
Paman berhasil menjadi raja,
Amat Mude dan Ratu pun **tersingkir**.

Disuruh Paman pergi **berburu**
Dengan niat mereka tidak pulang,
Amat Mude dan Sang Ibu
Ditinggalkannya di dalam hutan.

Di ujung barat **Nusantara**
Murai batu **berkelana**.
Hidup berdua di **belantara**
Amat Mude bangun rumah sederhana.

No need for regret and anger,
better to spend your energy trying.
Life became very difficult
finding a way to get money.

Fishing for fish and eels in the river,
bringing them home to be cooked.
Mother saw a fish with gold in its belly,
to sell for cash later.

With the gentle puff of a summer breeze
could be heard the whisper of a name.
One day, Uncle began to worry,
and decided to get rid of them for good.

The poor but esteemed nephew
Uncle invited out of the forest.
He was tasked with taking a coconut
from an island far off in the ocean.

The leafy tree above the prayer house,
the sound of water in the rocks.
On the journey to the island
there were many friends who helped.

The fish, dragon and crocodile,
still loyal friends of the old king,
so that he was protected from danger
gave Amat Mude a magic ring.

Sesal dan marah **tidak usah**,
lebih baik tenaga buat berjuang.
Hidup menjadi sangat susah
mencari jalan 'tuk mencari uang.

Di sungai pancing ikan dan **belut**,
dibawa pulang untuk dimasak.
Ibu lihat ikan ada emas di perut,
dijual untuk cari uang **kelak**.

Tiupan lembut angin **semilir**
terdengar bisikan namanya.
Suatu hari Sang Paman kuatir,
mau menyingkirkan **'tuk** selamanya.

Sang keponakan yang **nestapa**
Paman mengajak keluar hutan.
Diberi tugas mengambil kelapa,
dari pulau **nun** jauh di lautan.

Pohon **rimbun** di atas **surau**,
suara air di **batu bolong**.
Di perjalanan ke pulau
banyak kawan yang menolong.

Ikan, naga dan buaya,
kawan Raja lama tetap **berbakti**,
supaya **menghindari** dari bahaya
beri Amat Mude cincin **sakti**.

The rufous-tailed shama flies high,
the palace is its final destination.
"Long ago, we were invited by your father
to the celebration when you were born."

To the distant island Amat Mude sailed,
to the coconut tree so high.
With his magic ring, as if paying,
Amat Mude obtained the golden coconut.

The splendid palace, with many gardens
more beautiful than any others around.
"You have proven, " declared Uncle,
"you are worthy now of being king."

Amat Mude was a fine nephew,
asking his uncle to live with him.
"No, Uncle does not deserve
to live with you for long."

The goodness of his heart was touching
in the villages and in the palace.
Amat Mude became a new king
who was brave, clever and wise.

❖ ❖ ❖

Discussion Questions

1. What problems can arise when a very young king ascends the throne? What are some solutions to these problems?
2. Why is poetry included in the culture of a country? What role does poetry play in society?
3. It is difficult to translate poetry into another language. Can you think of reasons for this?

Cultural Notes

1. Aceh is Indonesia's westernmost province. It has a stormy history. It was the first part of the archipelago to receive Islamic influence, and this can be seen today in its dominant Muslim culture. It is the only province in Indonesia to legalize *shariah* law, although everyday life shows considerable moderation.

2. Aceh never completely surrendered to Dutch colonial rule, and in the first four decades of independent Indonesia, the Free Aceh Movement (Gerakan Aceh Merdeka, GAM for short) was a constant source of irritation to the republican government.

3. The devastation wrought by the 2004 tsunami, which smashed into the northern coastline, destroying towns and killing over 100,000 people, was the impetus for peace talks with GAM, and a ceasefire followed soon after.

Cempaka kuneng **melayang** tinggi,
istana tujuan terbang terakhir.
"Dulu kami diundang Ayah
ke perayaan saat engkau lahir."

Ke pulau sana Amat Mude berlayar,
ke pohon kelapa **alangkah** tingginya.
Dengan cincin **ajaib seolah** membayar,
Amat Mude pun dapat kelapa
gadingnya.

Istana **megah**, penuh dengan taman
lebih indah dari apa yang ada di sini.
Sudah kau **buktikan**, **tutur** Paman,
Kau pantas menjadi Raja kini.

Amat Mude keponakan yang baik,
mengajak Paman tinggal bersama.
"Tidak, Paman tidak **layak**
hidup bersama kau untuk lama."

Kebaikan hati membuat **terharu**
di desa maupun di istana.
Amat Mude menjadi raja baru
yang berani, cerdas dan bijaksana.

4. Aceh's relative isolation from other parts of the country has meant that its indigenous flora and fauna have always thrived. Some of the province's distinctive animals and flowers are mentioned in this **pantun** in order to create an atmosphere that is uniquely Acehnese.

5. Aceh is also renowned for its excellent coffee and for its superb diving off the coast of the capital, Banda Aceh, on Sabang or Weh Island.

Key Words

putera mahkota   crown prince
  (**putera** = son, prince; **mahkota** = crown)
bait   line (of a poem)
duniawi   worldly
wafat   to pass away (of a respected person)
tersingkir   sidelined, cast aside
kelapa gading   yellow-tinged coconut, golden coconut (lit. "ivory coconut")
mendiang   late, former (of someone deceased)
engkau   you (esp. in Sumatra or Malay-speaking areas, synonym for **kamu**)
pemaaf   forgiving, a forgiver
terpuji   praised, lauded
mengoceh   to babble
gagah   handsome
cekatan   clever, good at something
lincah   lively, agile
cempaka   magnolia
meriah   cheerful, happy, joyous, loud (of a party)
samudera   ocean
demi   for the sake of
payah   grave, severe
usia   age (of a respected person)
baja   steel
terhanyut   drifting, cast away (**menghanyutkan** = to cast away)
berburu   to hunt, go hunting
Nusantara   (literary) Indonesia (lit. **nusa antara**, the islands between)
murai   magpie
berkelana   to dart around, play, travel
belantara   jungle
tidak usah   no need, not necessary
belut   eel
kelak   later, in the future
tiupan   blow, puff
semilir   gentle breeze, zephyr
'tuk   (short for **untuk**) to
sang   the (used before the name of someone respected)
nestapa   suffering, pain
nun   (literary) located, literary form of **yang**
rimbun   leafy
surau   Muslim prayer house
batu bolong   hollow rock, a blowhole

berbakti   to be faithful or loyal to
menghindari   to avoid
sakti   magic power or strength
melayang   to fly, soar, glide
alangkah   how ... !
ajaib   astonishing
seolah   as if, like
megah   splendid, grand
membuktikan   to prove
judul   title
tutur   to speak, utter (of someone respected)
layak   deserving, fitting, worthy
terharu   touched, emotional

Comprehension Questions / Pertanyaan-pertanyaan

1. What did the king and queen long for?
   Apa yang dirindukan Raja dan Ratu?

2. Why were Amat Mude and his mother banished to the forest?
   Amat Mude dan ibunya harus tinggal di hutan?

3. Why was Amat Mude given a special task?
   Mengapa pamannya memberi tugas kepada Amat Mude?

4. How did the animals help Amat Mude?
   Bagaimana hewan-hewan di hutan membantu Amat Mude?

5. What is the moral of this story?
   Kira-kira apa pesan moral dari cerita ini? Mengapa?

The Rice Cone as Big as a Hill

*This is a traditional tale from Bali. According to legend, a farmer once saw a large pile of earth, and felt inspired to made a bowl of rice that was just as big. But when the pile of earth becomes higher and higher, the farmer's dreams turn to arrogance. This story is retold through a conversation between the farmer and his wife. A rice cone (**nasi tumpeng**) is yellow rice presented in a cone shape that is made to celebrate a birthday, holiday or other special occasion.*

❖ ❖ ❖

Long, long ago, on thebeautiful island of Bali, lived a farmer named Jurna. For years he planted rice, irrigated the rice plants until they grew tall, then harvested the new rice that grew. Farmer Jurna was quite successful and seen as an important person.

JURNA:	What a beautiful morning it is! The sky is blue, there's not much cloud, there's a light breeze coming in from the sea. As far as I can see, there are rice paddies full of rice waiting to be harvested.
JURNA'S WIFE:	We are very lucky, Jurna. The harvest this year is more than sufficient. We can have a thanksgiving celebration to celebrate.
JURNA:	We'll invite all the people in the village, to enjoy our delicious rice.
JURNA'S WIFE *(trying to see far away)*:	But Jurna, what's that? I've never seen a hill over there. I don't think it was there yesterday.
JURNA *(also looking)*:	Yes, you're right! Like a little hill. It's shaped like Mt. Agung, only in miniature. Where did it come from? It's like a heap of dirt.
JURNA'S WIFE:	Is someone building a house? Or a temple? There's an awful lot of earth piled up. I think it looks as tall as a man.
JURNA *(thinking)*:	Ah, I have an idea . . . We have lots and lots of rice. What if we cook as much rice as that pile of dirt, to celebrate our success?

Nasi Tumpeng Sebesar Bukit

Ini cerita rakyat dari Bali. Menurut legenda, seorang petani pernah melihat **onggokan** *tanah yang besar, dan merasa tertantang membuat* **catu** *nasi yang sama besarnya. Tetapi ketika onggokan tanah itu semakin tinggi, cita-cita si petani menjadi sombong. Cerita ini dikisahkan kembali melalui dialog di antara petani dan isterinya. Nasi tumpeng adalah nasi berbentuk* **kerucut** *dan berwarna kuning yang dibuat untuk merayakan ulang tahun, hari raya dan peristiwa penting lainnya.*

Zaman dahulu, di pulau Bali yang indah, tinggal seorang petani bernama Pak Jurna. Bertahun-tahun dia **menanam** padi, mengairi tanaman sampai tinggi, lalu memanen padi baru yang tumbuh. Pak Jurna cukup sukses dan dipandang sebagai orang penting.

PAK JURNA:	Indah sekali pagi ini! Langit berwarna biru, awannya sedikit, ada angin kecil dari laut. Sejauh mata memandang, aku bisa melihat sawah penuh dengan padi yang tinggal **dipetik**.
BU JURNA:	Kita sangat beruntung, Pak. **Panen** tahun ini lebih dari cukup. Kita bisa membuat **selamatan** untuk merayakannya.
PAK JURNA:	Nanti semua orang di desa diundang, untuk menikmati nasi kita yang enak.
BU JURNA *(coba memandang jauh):*	Tapi Pak, apa itu? Aku belum pernah melihat bukit di sana. Kemarin saya rasa belum ada.
PAK JURNA *(melihat juga):*	Benar, Bu! Seperti bukit kecil. Bentuknya seperti Gunung Agung hanya kecil. Dari mana datangnya? Sepertinya seonggok tanah.
BU JURNA:	Apakah ada yang mau membangun rumah? Atau pura? Banyak sekali tanah yang **ditumpuk**. Menurutku, setinggi badan seorang pria dewasa.
PAK JURNA *(berpikir dalam hati):*	Ah, aku dapat ide ... Beras kita sudah banyak sekali. Bagaimana kalau kita membuat nasi sebesar onggokan tanah itu, untuk merayakan **keberhasilan** kita?

JURNA'S WIFE *(unsure)*:	We do have enough rice … but cooking it would be a bother. I'll have to ask for help in the kitchen.
JURNA:	Come on. We've decided to hold a thanksgiving meal. The guests will be surprised to see our rice cone as big as a hill!

(Several hours later …)

JURNA'S WIFE:	Here you are, look. The rice cone is ready. We used turmeric to make the color bright yellow. This is our rice cone as big as a hill. Please invite the neighbors, friends in the village, the traditional policeman and the village head to come and enjoy it.

(Everyone in the village was in awe looking at such a tall rice cone. They ate the delicious rice with gusto, and went home with full stomachs.)

Bu Jurna *(ragu-ragu)*:	Memang beras kita cukup … tetapi memasaknya akan cukup repot. Aku harus minta tolong agar dibantu di dapur.
Pak Jurna:	Ayo, Bu. Kita sudah berniat membuat selamatan. Nanti tamu kaget melihat nasi tumpeng kita sebesar bukit!

(Beberapa jam kemudian …)

| Bu Jurna: | Ini Pak, lihat. Nasi tumpeng sudah jadi. Kami pakai **kunyit** supaya warnanya terang. Ini nasi tumpeng kita sebesar bukit. Silakan undang tetangga, kawan-kawan di desa, **pecalang** dan kepala desa untuk datang menikmati. |

(Semua orang di desa sangat kagum melihat nasi tumpeng yang setinggi itu. Mereka sangat menikmati makan nasinya yang pulen, dan pulang dengan perut kenyang.)

(The next day …)

JURNA:	Oh, I slept well after eating so much food. Our rice was delicious. But … that hill is still there. And … if I'm not mistaken … it's even bigger! Wife! Wife!
JURNA'S WIFE:	What is it? (*looks towards the heap of dirt*) Yes! It looks like the dirt is getting higher and higher!
JURNA:	Where is that dirt from, I'd like to know? Who dug it up? And why? [thinking] Is there an enemy who wants to challenge me?
JURNA'S WIFE:	We don't have any enemies. But maybe someone is envious of us.
JURNA:	I know. (*Arrogantly*) We still have lots of rice. We'll make another rice cone as big as that hill. I'll show them! Farmer Jurna is not a coward!
JURNA'S WIFE:	Right then. (*goes off to the kitchen to start cooking and call her helper.*)

(Several hours later)

| JURNA: | Now, look, Wife! Here we are! The rice cone this time is bigger and more impressive than yesterday's. Let's take it over there, to the mound of dirt, to see more clearly! |

(Several laborers carry the rice cone to the rice paddy to compare it with the mound of earth.)

| JURNA: | Ha! They're the same height, aren't they? We have so much rice right now. Call everyone, Wife, to eat again! |

(And all the guests who had enjoyed the rice cone from the day before came again. They were surprised to be invited back, but grateful to be able to fill their stomachs.)

(The next day)

JURNA:	Wife, Wife! Look over there!
JURNA'S WIFE:	Oh … that pile of dirt is still there. I wonder what it's for?
JURNA:	Not that! It's even higher! Can't you see?
JURNA'S WIFE: (*looking carefully*)	Yes … it seems a bit bigger.
JURNA:	This is too much! I am being humiliated! Come on! Let's make an even bigger rice cone, right away!
JURNA'S WIFE:	But Jurna …

(Esok hari ...)

Pak Jurna: Aduh, tidur nyenyak sesudah makan kenyang. Nasi kita memang nikmat. Tetapi ... bukit itu masih ada. Dan ... kalau tidak salah ... semakin besar! Bu! Bu!

Bu Jurna: Ada apa, Pak? *(melihat ke arah onggokan tanah)* Ya! Sepertinya tanah itu makin tinggi!

Pak Jurna: Tanah dari mana, ya? Siapa yang menggalinya? Dan untuk apa? *(berpikir)* Apakah ada seorang musuh yang mau menantang diriku?

Bu Jurna: Kita tidak ada musuh. Tapi mungkin ada yang iri.

Pak Jurna: Aku tahu. *(Dengan sombong)* Persediaan beras kita masih banyak. Kita akan buat lagi nasi tumpeng, sebesar bukit itu. Akan kubuktikan! Pak Jurna bukan **pengecut**!

Bu Jurna: Baik, Pak. *(pergi ke dapur untuk memulai masak dan memanggil pembantu.)*

(Beberapa jam kemudian)

Pak Jurna: Nah, Bu, lihat! Inilah dia! Nasi tumpeng kali ini lebih besar dan lebih megah daripada yang kemarin. Coba kita angkat ke sana, ke onggokan tanah, supaya melihat lebih jelas!

(Beberapa tukang monggotong nasi tumpeng ke sawah untuk memban- dingkannya dengan onggokan tanah.)

Pak Jurna: Ha! Sama, kan? Beras kita memang **berlimpah** kali ini. Panggillah semua, Bu, untuk makan lagi!

(Dan datang pun semua tamu yang kemarin sempat menikmati nasi tumpeng. Mereka terkejut diundang lagi, tetapi bersyukur dapat makan sampai kenyang.)

(Keesokan harinya)

Pak Jurna: Bu, Bu! Coba lihat ke sana!

Bu Jurna: Oh ... onggokan tanah itu masih ada. Buat apa ya?

Pak Jurna: Bukan itu! Semakin tinggi lagi! Apa tidak kamu lihat?

Bu Jurna *(melihat dengan tajam)*: Iya ... sepertinya sedikit lebih besar.

Pak Jurna: Ini keterlaluan! Aku dipermalukan! Ayo! Kita langsung bikin nasi tumpeng yang lebih besar lagi!

Bu Jurna: Tapi Bapak ...

| JURNA: | But what? We still have enough rice, don't we? |
| JURNA'S WIFE: (*doubtfully*) | Yes … but … |

(And that very evening another rice cone was made. And the villagers were even more confused. But that was not Farmer Jurna's last thanksgiving meal. Over the next few days, the pile of dirt grew higher and higher, and Farmer Jurna felt challenged again and again to make a rice cone just as big. Until a week later …)

JURNA:	It's even higher! Higher again! Come on, Wife! We can't give up! (*increasingly unhinged*)
JURNA'S WIFE:	Jurna, please listen. Our rice has almost run out.
JURNA:	What? How can this be? The rice from the recent harvest has to be enough for the next few months.
JURNA'S WIFE:	Our rice has almost run out because every night we invite the whole village to eat a rice cone that grows bigger and bigger every time.
JURNA: (*finally realizing*)	What have I done? (*shakes his head and starts to cry.*)

❖ ❖ ❖

Discussion Questions
1. What crop do farmers grow in your country?
2. Are there any celebrations related to harvest time, like Thanksgiving?
3. What is the social status of farmers in your country? To what extent are they important people in the village?

PAK JURNA: Tapi apa? Beras kita masih cukup kan?

BU JURNA: Masih ... tapi ...
(ragu)

(Dan malam itu juga, dimasak pula nasi tumpeng. Dan para penduduk desa semakin bingung. Tapi itu bukan selamatan Pak Jurna yang terakhir. Esok lusa, onggokan tanah semakin tinggi, dan Pak Jurna semakin tertantang untuk membuat nasi tumpeng yang **setara**. Sehingga seminggu kemudian...)

PAK JURNA: Masih! Masih lebih tinggi lagi! Ayo Bu! Kita jangan kalah! *(semakin tidak waras.)*

BU JURNA: Bapak, dengarkanlah. Beras kita sudah mau habis.

PAK JURNA: Apa? Bagaimana mungkin? Beras dari panen kemarin harus cukup untuk beberapa bulan ke depan.

BU JURNA: Beras kita sudah mau habis karena setiap malam kita traktir seluruh desa makan nasi tumpeng yang setiap hari tambah besarnya.

PAK JURNA: Apa yang kulakukan? *(menggeleng kepala dan mulai*
(akhirnya sadar) menangis.)*

❖ ❖ ❖

Cultural Notes

1. This story is about an integral part of Indonesian food culture: the ceremonial rice cone or **nasi tumpeng**. Particularly in western Indonesia, **nasi tumpeng** is made on special occasions, such as to mark the birth of a child, a birthday or anniversary, or to celebrate some recent success.

2. Turmeric is usually added to the rice to make the cone yellow, an auspicious color, and small side dishes (known as **lauk-pauk**) are placed around the rice cone. These might include strips of omelette, fried tofu, spicy tempe, **urap** (raw vegetables with coconut), chicken, potato patties and so on.

3. Farmer Jurna's rice cone was made for a **selamatan**. In some parts of Indonesia, this event is known as a **kenduri**, and is held to offer thanks for a recent blessing or auspicious event. **Selamat**, of course, is the word for "safe" or "well." A **selamatan** does not have to have a rice cone or **nasi tumpeng**, but friends, family or neighbors (or a combination of all three) are invited to eat at the host's house and expense. The size and quality of food at a **selamatan** reflects the host's social status.

4. In this story, Pak Jurna is translated as Farmer Jurna, partly to show the important status of farmers. A affectionate synonym for **petani** (farmer) is also **Pak Tani**, "Farmer," and there is a famous statue in Central Jakarta (**Patung Pak Tani**) that celebrates this. Although often poor and down-trodden, farmers are respected as the growers of rice, the staple diet of much of the Indonesian archipelago. The word "rice" in English is a catch-all for a variety of specific terms in Indonesian: **beras** for the rice plant, **padi** for the dry, harvested rice (hence the Anglicism rice paddy or paddy field) and **nasi** for cooked rice. There are also many ways to cook it: as porridge (**bubur**), solid rice cakes (**lontong**), **ketan** (sticky rice) and so on.

5. The titles *Pak* and *Bu* in Indonesia are far more commonly used than "Mr." or "Mrs." in the West. This shows the high level of respect that Indonesians show to others, especially elders and can be seen in the Indonesian translation. The fact that Farmer Jurna's wife does not have her own name (and is simply known as **Bu Jurna** or Farmer Jurna's Wife) also shows that married women often informally take on the name of their husband. Traditionally women did not take on their husband's name in a formal sense, but in recent years a trend has developed where some more Westernized women add their husband's name to the end of their own.

Key Words

seonggok, onggokan   a pile, heap

onggokan   pile, heap

catu   small bowl used to measure a serving of rice

nasi tumpeng   a tall cone of rice, traditionally colored yellow

kerucut   cone

memanén   to harvest

dipetik, memetik   to be picked, to pick

panén   harvest

selamatan   traditional meal to give thanks

pelukan   hug

memetik   to pick

ditumpuk, menumpuk   to be piled up, to pile up

keberhasilan   success

kunyit   turmeric

pecalang   traditional policeman in Bali

pulen   delicious (of rice)

pengecut   coward

berlimpah   abundant

setara   equal to, the same as

Comprehension Questions / Pertanyaan-pertanyaan

1. Why did Farmer Jurna decide to hold a thanksgiving meal?
    Mengapa Pak Jurna memutuskan untuk mengadakan selamatan?

2. How big was the first rice cone that he wanted to make?
    Dia ingin membuat nasi tumpeng sebesar apa?

3. Why was he shocked the next day?
    Mengapa keesokan harinya Pak Jurna kaget?

4. Why did the ever-growing pile of soil become a challenge for him?
    Menurut pendapat kamu, siapakah yang membuat onggokan itu? Untuk apa?

5. In the end, what made him realize that his "race with the pile of soil" was all in vain?
    Akhirnya, apa yang membuat dia sadar bahwa 'berlomba dengan onggokan tanah' itu semua sia-sia?

Forbidden Love

The legend of Tampun Juah comes from the Mualang people, a Dayak ethnic group from West Kalimantan. The literal meaning of Tampuh Juah is "place where Juah was executed." However, over time the Tampun Juah site became a meeting place for the Mualang. This short play tells the story of Juah and his wife Lemay and their tragic end.

Act 1 In the southern longhouse

 Narrator:

A long time ago, a tribe named the Mualang lived in the middle of the forest in what is now West Kalimantan. They lived in 30 longhouses, as was the custom of the Dayak people at the time.

[One day in the longhouse. People are going about their daily business. Lemay enters, bringing food to the longhouse inhabitants, and sits down beside Juah.]

JUAH: Lemay, thank you. This food is delicious!

LEMAY: You're welcome. We hope that everyone in the longhouse will have enough food and be healthy, including you, Juah.

JUAH: Why do I always feel so at ease when you're here, Lemay? When I go out hunting, why do I always think of you back in the longhouse and miss you?

LEMAY: But it's no use feeling like that, Juah. We are first cousins. Your father is my uncle. And my mother is your aunt. We can't be together. *(crying)*

JUAH: Lemay! If we stay in this longhouse, we can't be together because everyone knows us. But in this community there are 30 longhouses. We live in the southernmost one. What if we move to the northernmost longhouse? There they might not know that we are first cousins.

38

Tampun Juah

Legenda Tampun Juah berasal dari orang Mualang, yang termasuk salah satu suku Dayak dari Kalimantan Barat. Secara harfiah, Tampun Juah artinya "tempat pemenggalan Juah". Namun lambat laun Tembawang Tampun Juah menjadi tempat pertemuan bagi masyarakat Mualang. Sandiwara pendek ini menceritakan kisah Juah dan isterinya Lemay yang berakhir tragis.

Adegan 1 Di rumah betang selatan

 Narator:

Zaman dahulu kala, hiduplah sebuah suku di tengah hutan di Kalimantan Barat. Suku ini bernama orang Mualang. Mereka tinggal di 30 **rumah betang**, atau rumah panjang, seperti orang Dayak pada umumnya.

[Suatu hari di rumah betang. Banyak orang **melalu-lalang** dengan kesibukan **sehari-harinya**. Lemay datang membawa makanan untuk **penghuni** rumah betang, dan duduk di sebelah Juah.]

JUAH: Lemay, terima kasih. Makanannya enak sekali.

LEMAY: Sama-sama. Kami selalu mengharapkan semua orang di rumah betang ini kenyang dan sehat. Termasuk engkau, Juah.

JUAH: Mengapa aku selalu merasa nyaman kalau ada engkau, Lemay? Mengapa aku kalau pergi **memburu** selalu ingat akan Lemay di rumah betang, dan rindu?

LEMAY: Tapi tak ada gunanya, Juah. Kita kan saudara **sepupu** sekali. Ayah engkau itu pamanku. Dan ibuku adalah bibi kau. Kita tidak boleh bersama. *(sambil menangis)*

JUAH: May! Kalau di rumah betang ini, tidak boleh bersama, karena semua kenal. Tapi di **tembawang** ini ada 30 rumah betang. Kita di ujung selatan. Bagaimana kalau kita pindah, pergi tinggal di rumah betang paling utara? Di sana, mereka mungkin tidak tahu kalau kita sepupu sekali.

Narrator:

So the two lovers moved to the northern longhouse. There they lived together, without negative comments from their families, as husband and wife. But their happiness was short-lived.

NEIGHBOR: We've noticed that you are Mualang, but you aren't from this longhouse. Why did you move? Why did you ask to come and live with us?

JUAH: There was a problem in our old longhouse. I don't really want to talk about it. In short, we felt it would be more comfortable living within the community but further away.

NEIGHBOR: What kind of problem caused you to move to this house? Weren't you thrown out by your family? There's gossip that you are first cousins.

LEMAY
(going red): Yes, there was a problem. They didn't agree with our relationship. (*she falls silent*)

NEIGHBOR: So you don't deny that you are first cousins. Even though you know that among our people this is considered a forbidden marriage, or *mali*.

🗣 **Narator:**

Jadi pindahlah **dua sejoli** ini ke rumah betang di utara. Di sana mereka hidup berdua, tanpa **cemoohan** keluarga, **selayak** suami isteri. Namun kebahagiaannya tidak berlangsung lama.

TETANGGA: Kami **amati**, kalian orang Mualang, tapi tidak dari rumah betang ini. Mengapa pindah? Mengapa minta tinggal bersama kami?

JUAH: Dulu di rumah betang lama, ada masalah. Saya tidak begitu ingin menceritakannya. Singkatnya, kami merasa akan lebih nyaman masih tinggal di tembawang ini, tapi lebih jauh.

TETANGGA: Masalah apa sampai pindah rumah begitu? Bukannya diusir oleh keluarga? Ada **kabar burung**, kalian itu *mandal*, atau saudara sepupu.

LEMAY
(memerah): Memang ada masalah. Hubungan kami tidak direstui. *(lalu diam)*

TETANGGA: Kalian tidak **membantah** kalau menjadi saudara sepupu. Padahal kalian sudah tahu, di orang kita itu *mali*, perkawinan terlarang.

LONGHOUSE LEADER:	I have met with the leader of their old longhouse in the south. And it's true. They ran away and came here because they broke customary law.
JUAH:	Why does our tribal law have to separate two people who love each other?
LONGHOUSE LEADER:	Because it's forbidden by law. Any children you have will not be healthy. We can't accept you here. We have to send you back to your old longhouse to be punished.
LEMAY and **JUAH:**	No!

[Lemay and Juah are tied up and taken back to their old longhouse.]

Act 3 In the southern part of the *tembawang*

 Narrator:

So Juah and Lemay were duly punished.

LONGHOUSE LEADER:	In our longhouse, it seems there are some who dare to disobey traditional law. Juah and Lemay have been living together as husband and wife in spite of their parents being siblings. That is *mali*, a forbidden marriage, which cannot be tolerated.
JUAH:	That's fine. If you can't accept us, we will go off into the forest, far from here, and not bother you anymore. Just let us live. If our relationship is not accepted here, we will go somewhere else.
LONGHOUSE LEADER:	The problem is, you have set a bad example. If we let you go, it will appear as though our people honor a relationship in which someone marries their first cousin. And that is not permitted. Lujun!
LUJUN (*executioner*):	Temenggung?
LONGHOUSE LEADER:	Carry out the spearing.
LUJUN:	Yes, Temenggung.
LEMAY:	No! Father? Mother? Help!

TEMENGGUNG: Saya sudah bertemu dengan temenggung rumah betang mereka yang lama, di selatan sana. Ternyata benar. Mereka lari ke sini karena melanggar hukum adat.

JUAH: Mengapa hukum adat itu harus memisahkan dua orang yang saling cinta?

TEMENGGUNG: Karena itu dilarang adat kami. Anaknya nanti tidak akan **waras**. Kami tidak bisa menerima kalian di sini. Kami kembalikan ke rumah betang lama untuk dihukum.

LEMAY dan JUAH: Tidak!

[Lemay dan Juah diikat dan dibawa kembali ke rumah betang lama].

Adegan 3 Di bagian selatan tembawang

🗣 **Narator:**

Jadi Juah dan Lemay pun dihukum.

TEMENGGUNG: Di rumah betang kita ternyata ada yang berani **melanggar** hukum adat. Yaitu Juah dan Lemay, yang hidup sebagai suami isteri. Padahal orang tua mereka **kakak-beradik**. Itu merupakan *mali*, perkawinan terlarang, yang tidak bisa diterima.

JUAH: Baiklah. Kalau tidak mau terima kami, kami akan pergi ke hutan, jauh dari sini, dan tidak mengganggu lagi. Biarkan kami hidup. Kalau hubungan kami tidak direstui di sini, kami akan pergi ke tempat lain.

TEMENGGUNG: Masalahnya, kalian sudah menjadi contoh. Kalau kalian dibiarkan pergi, itu seolah-olah masyarakat kita merestui hubungan saudara sepupu menikah satu sama yang lain. Padahal itu tidak boleh. Lujun!

LUJUN (*algojo*): **Temenggung**?

TEMENGGUNG: Jalankan hukuman **tombak**.

LUJUN: Baik, Temenggung.

LEMAY: Tidak! Ayah? Ibu? Tolong!

Narrator:

Nobody made a move to help Juah and Lemay. Silently, everyone watched as Juah and Lemay were speared.

LONGHOUSE LEADER: Let this be a warning to other young men and women who want to disregard tribal law.

Act 4 On the bank of the Kapuas river

 Narrator:

Such was the sad story of Juah and Lemay. Their corpses were tied together, face to face, then placed in the Sekayam River and left to drift away.

LEMAY'S MOTHER *(crying)*: Brother, why did our children have this fate? They knew it was a forbidden relationship.

JUAH'S FATHER *(hugging his sister)*: They were close from childhood. But then, I did not view it as being unhealthy. What will happen to the Mualang people if we allow incestuous relationships? Our children and future will be threatened.

 Narrator:

The place where Juah and Lemay were executed is now called Tampun Juah. *Tampun* means "execution." The name Tampun Juah refers to the meeting place of the 30 longhouses.

Because Tampun Juah strictly enforced tribal law and the people's prosperity, it became large and powerful. Its power only ended when it was attacked by the Sukadana kingdom. Nowadays, the term Tampun Juah generally refers to a meeting place.

❖ ❖ ❖

Discussion Questions

1. Why are marriages between close family members forbidden?
2. What, if anything, is achieved by capital punishment? Do you think capital punishment prevents people from committing crimes?
3. How does the script of a play describe a scene or act?

Narator:

Tidak ada yang bergerak menolong Juah dan Lemay. Tanpa suara, semua menonton Juah dan Lemay ditombak.

TEMENGGUNG: Biar ini menjadi peringatan bagi **pemuda-pemudi** lain yang ingin melanggar hukum adat.

Adegan 4 Di tepi sungai Kapuas

 Narator:

Begitulah kisah Juah dan Lemay yang malang itu. **Jenazah** mereka diikat, satu **terlentang**, satu **tengkurap**, lalu dihanyutkan ke Sungai Sekayam.

IBU LEMAY *(sambil menangis)*: Kak, mengapa anak kita bernasib seperti ini? Mereka sudah tahu hubungan mereka dilarang.

AYAH JUAH *(memeluk adiknya)*: Memang dari kecil mereka selalu dekat. Tapi waktu itu, aku tidak melihat itu sebagai kurang sehat. Bagaimana suku Mualang kita nanti kalau ada perkawinan **sumbang**? Anak-anak dan masa depan kita terancam.

 Narator:

Tempat Juah dan Lemay dieksekusi itu sekarang disebut Tampun Juah. Tampun artinya tempat eksekusi. Nama Tampun Juah digunakan untuk tembawang 30 rumah betang itu.

Oleh karena **kukuh menegakkan** hukum adat dan **kesejahteraan** rakyat, Tampun Juah berkembang menjadi besar dan berpengaruh. Kejayaan Tampun Juah hanya berakhir saat diserang Kerajaan Sukadana. Kini, Tampun Juah pada umumnya berarti tempat pertemuan.

❖ ❖ ❖

Cultural Notes

1. The Mualang are a sub-group of the Iban ethnic group, one of the many Dayak or indigenous peoples of Kalimantan.

2. In recent years, the term "Dayak" has become less common as more and more people prefer specific group names such as Bidayuh, Kadazan, Melanau, Punan and Apokayan. However, in Indonesian, the term **orang Dayak** is still in common use. These indigenous peoples also live in Malaysian Borneo (Sarawak and Sabah) as well as Brunei.

3. The coastal areas of Kalimantan are mostly inhabited by Malay speakers. In the play, Lemay and Juah use the pronoun **engkau** for "you," a feature of Malay-speaking areas, especially Sumatra. The short form is **kau**.

4. Traditionally, Dayak communities live in longhouses (**rumah betang**), a number of which are erected in the same location. Each longhouse has a headman, or **temenggung**. Extended families live in the longhouse, which consists of several rooms, with a long veranda along the side as a communal area. Increasingly, indigenous people in Kalimantan are moving away from the longhouse to live in individual houses.

5. *Tampun Juah* tells the story of two cousins who fall in love, but their relationship is forbidden. Most cultures forbid the marriage of close family members, especially first cousins but sometimes other close relatives. There is evidence that the children of parents who are closely related genetically may be impaired or suffer from certain health or mental ailments. *Tampun Juah* illustrates a society that strictly adhered to this aspect of its social structure.

6. In terms of religion, traditionally Dayak peoples follow the **kaharingan** belief, a form of animism, but a number of communities have converted to Islam, and more widely, Christianity.

Key Words

rumah betang longhouse (traditional Dayak dwelling)

zaman dahulu kala in the past, long ago

melalu-lalang to go to and fro, back and forth

sehari-hari daily

penghuni inhabitant, resident

memburu to hunt

sepupu cousin

tembawang meeting place, center of a community

dua sejoli two lovers

cemoohan (negative) remark, comment

selayak as, fitting

amati to observe (**mengamati** = to observe)

kabar burung gossip (lit. "bird news"), a little bird told me

memérah to go red

membantah to deny

waras (mentally) healthy

melanggar to break, go against (a law)

kakak-beradik to be siblings, brother and sister

merestui to agree to, give your blessing to

algojo executioner

temenggung community leader

pemasungan being held in stocks

ditombak to be speared (**menombak** = to spear)

pemuda-pemudi young men and women, youth

jenazah corpse, dead body

terlentang lying on your back

tengkurap lying on your front

sumbang incest

kukuh strong

menegakkan to uphold, enforce

kesejahteraan welfare

Comprehension Questions / Pertanyaan-pertanyaan

1. What were Lemay and Juah's daily tasks?
   Apa pekerjaan sehari-hari masing-masing Lemay dan Juah?

2. Why did they decide to move to another longhouse?
   Mengapa mereka memutuskan untuk pindah?

3. How did Juah and Lemay explain their arrival to the inhabitants of their new longhouse?
   Bagaimana penjelasan Juah dan Lemay kepada penghuni rumah betang baru?

4. What did Juah offer to do when their old community did not accept him and Lemay?
   Apa yang Juah tawarkan sebagai jalan keluar, karena masyarakat tidak menerima dia dan Lemay?

5. How were Lemay and Juah punished? Why?
   Bagaimana Lemay dan Juah dihukum? Mengapa?

Timor's King Crocodile

The island of Timor, at the eastern end of Indonesia, is divided into two: the province of West Nusa Tenggara (Lesser Sunda Islands) to the west, and the nation of Timor Loro Sae or East Timor to the east. East Timor was colonized by the Portuguese and thus has quite a different history from West Timor. Between 1975 and 1999 it became the Indonesian province of East Timor. Since 1999 it has been an independent nation. A shared cultural element throughout the island of Timor is the high status bestowed on the crocodile. The text below is an email from a boy to his older brother about his trip to their mother's ancestral village. Along the way, the younger brother learns a great deal about the crocodile in Timor.

Date: Thursday, 24 October 2019, 4.30 PM

(Eastern Indonesian Time)

From: gera@siswaSMA.sch.id

To: reno@siswaSMA.sch.id

Subject: Meeting Grandfather Crocodile!

Dear Reno,
How are you? It's been a few days since I sent news. Auntie Maria's village is so far from any town that there's no mobile phone signal. I'm sending this email from a cafe in Toineke, on the way back to Kupang. You can find it on the map. From Betun to here, we have followed the coast. Then the road turns towards the Noelmina Bridge and back to Kupang.

We only arrived in the village on Monday. The trip from Kupang was quite far, all day in Uncle's car. Luckily we had enough petrol as there aren't many petrol stations after Toineke. We left in the morning and arrived late in the afternoon.

Do you remember, when we were little, Mama used to show us Timor on the map, and say that its shape was like a crocodile? And we'd scream in fear? In Timor, the crocodile is definitely a very important animal. Several times we crossed bridges on the journey here, over rivers that people said had many crocodiles in them. Here, the crocodile is a totem animal, a symbol of protection for the people.

Raja Buaya Di Timor

Pulau Timor di ujung timur Indonesia sekarang dibagi dua: propinsi Nusa Tenggara Timur di sebelah barat, dan negara Timor Loro Sae di sebelah timur. Timor Loro Sae pernah dijajah Portugis, sehingga sejarahnya cukup berbeda dengan Timor bagian barat. Lalu tahun 1975–1999 digabung dengan Indonesia sebagai propinsi Timor Timur, atau Timtim. Sejak tahun 1999 telah menjadi negara merdeka. Salah satu unsur budaya yang ada di seluruh pulau Timor adalah status tinggi yang diberikan kepada buaya. Teks di bawah adalah sepucuk surel dari seorang adik kepada kakaknya, tentang kunjungan ke tanah leluhur ibunya. Selama perjalanan, adiknya banyak belajar soal buaya di Timor.

❖ ❖ ❖

Tanggal: Kamis, 24 Oktober 2019 jam 16.30
(WIT)

Pengirim:　gera@siswaSMA.sch.id

Kepada:　reno@siswaSMA.sch.id

Subyek: Bertemu dengan Kakek Buaya!

Kak Reno yang baik,
Apa kabar? Sudah beberapa hari aku tidak bisa mengirim kabar. Kampungnya Bibi Maria sangat jauh dari kota, sampai tidak ada **sinyal** HP. Aku kirim surei dari kafe di kota Toineke, sambil kembali ke Kupang. Kamu bisa cari di **peta**. Dari Betun sampai di sini, kami menelusuri pantai selatan. Lalu jalan belok ke arah Jembatan Noelmina dan kembali ke Kupang.

Kami baru tiba di kampung hari Senin kemarin. Perjalanan dari Kupang cukup jauh, seharian naik mobil Paman. Untung bensin cukup karena tidak banyak pom **bensin** sesudah kota Toineke. Kami berangkat pagi dan tiba di sini sore hari.

Masih ingat, waktu kita kecil, Mama suka **menunjukkan** pulau Timor di peta, sambil mengatakan bentuknya seperti seekor buaya? Sampai kita teriak-teriak ketakutan? Di Timor, buaya itu memang menjadi **hewan** yang amat penting. Beberapa kali kami lewat jembatan di perjalanan **kemari**, di atas sungai yang katanya ada banyak buaya. Di sini, buaya menjadi binatang **totem** yang dianggap melindungi masyarakat.

But I want to tell you about something I experienced last night. Our whole family went because there was a *hamis* ceremony. In this traditional ceremony, young corn is blessed in the *uma lulik* (traditional house).

I was very shocked to see a crocodile also in attendance at the ceremony last night! It sat up above. At first I was terrified. But our relatives told me that the crocodile had to be there to protect us from danger. We are also not allowed to call it a crocodile or *lafaek* (in Tetun), but Bei Nai. This means King.

They say a crocodile is also invited to attend if a king passes away and a new king has to be installed. The King of Liurai Malaka, wearing a cloak, will read prayers from a book. Both the prayer book and cloak are special and are only used for this *foti hamulak* ceremony. Auntie Maria saw this when she was young.

Tapi aku mau cerita tentang pengalamanku tadi malam. Kami sekeluarga datang karena akan ada upacara *hamis*. Dalam upacara adat ini, jagung muda **diberkati** di *uma lulik* (rumah adat).

Betapa terkejut aku saat melihat seekor **buaya** ikut hadir di upacara tadi malam! Buayanya duduk di atas. Awalnya aku takut sekali. Tapi saudara-saudara kita cerita, bahwa buaya itu seharusnya hadir untuk melindungi kita dari **bahaya**. Kita juga tidak boleh menyebutnya sebagai "buaya" atau *lafaek* (bahasa Tetunnya), melainkan Bei Nai. Itu artinya, Sang Raja.

Katanya, buaya juga diundang **hadir** apabila ada raja wafat sehingga perlu dilantik raja baru. Raja Liurai Malaka akan membaca doa dari buku sambil memakai **jubah**. Baik buku doa maupun jubah itu istimewa, hanya untuk upacara *foti hamulak* saja. Bibi Maria pernah lihat waktu dia masih **remaja**.

Someone told me how the crocodile (sorry, Bei Nai) became a protector of the people. The story goes, long ago there were two royal guards, who were Meo people. Their names were Ati Mamulak and Bere Mamulak. Mamulak is a tribal name in this village.

One day, the two Meo people were on guard at a royal party. They were eating banana blossoms but accidentally also ate some *muti*. *Muti* is made from a mixture of gold and silver, so is valuable. They were accused of stealing the *muti* and chased into the sea. In the water, Ati Mamulak and Bere Mamulak changed into two crocodiles. After that, the people showed respect to crocodiles as protectors of the community. Only I don't understand, if the two Meo people were accused of being thieves, why did the people show them great respect after they became crocodiles? Were crocodiles already considered sacred back then?

Maybe this story from Auntie will help explain. Crocodiles are important in Timor because, long ago, a crocodile saved a little child's life. After that, the child and the crocodile became friends. When the crocodile died, its body became the island of Timor. (Just like Mama's old story!)

But I think that crocodiles here aren't always protective. Last night in the village, Auntie was sad. She had met with a distant relative who used to have three children. When she asked about the eldest child, the relative burst into tears and said that her eldest was no more because she had been taken by a crocodile. Clearly, we need to be careful with crocodiles.

Uncle then added that in Timor Loro Sae, to the north, crocodiles are protected by law! So you cannot hunt or injure them. Crocodiles are even the symbol of the East Timorese army. But he also said that the number of crocodile attacks on humans in Timor Loro Sae has increased since that law came into effect in 2002.

That's all for now, Reno, because I'm sleepy and tomorrow we have to go back to Kupang. Apparently we're going to stop by the Tesbatan Amarasi waterfall. I also want to find a traditional *sasando* instrument for Mama, so that when she plays it she won't miss her hometown here in Timor.

Stay well back home. I'll send more news from Kupang. Tell Papa and Mama I miss them.

Your brother,
Gera

Ada orang cerita kepadaku, bagaimana buaya (maaf, Bei Nai) menjadi **pelindung** rakyat. Katanya, dahulu kala ada dua orang **pengawal** raja, orang Meo. Namanya Ati Mamulak dan Bere Mamulak. Mamulak memang nama suku di kampung ini.

Suatu hari, dua orang Meo itu berjaga di pesta raja. Mereka itu sempat makan **hati buah pisang** sekaligus tidak sengaja juga makan *muti*. *Muti* itu dibuat dari campuran perak dan emas sehingga bernilai tinggi. Mereka **dituduh** mencuri *muti*-nya, dan dikejar sampai ke laut. Di laut, Ati Mamulak dan Bere Mamulak berubah menjadi dua ekor buaya. Setelah itu, rakyat menghormati buaya sebagai pelindung masyarakat. Cuma aku tak mengerti, kalau kedua orang Meo itu dituduh menjadi **maling**, mengapa orang malah **menghormatinya** sesudah menjadi buaya? Apakah buaya sudah dianggap **keramat** sebelumnya?

Mungkin cerita Bibi ini yang menjelaskan. Buaya jadi penting di Timor karena dulu, ada buaya yang menyelamatkan seorang anak kecil dari bahaya. Sesudah itu, anak kecil dan buaya jadi berkawan. Ketika buayanya mati, badannya menjadi pulau Timor. (Seperti cerita Mama dulu!)

Tapi **menurutku**, buaya di sini tidak selalu melindungi. Tadi malam di kampung, Bibi sempat sedih. Dia bertemu dengan saudara jauh yang dulunya ada tiga anak. Ketika ditanya di mana anak yang **sulung**, saudara itu menangis, sambil cerita, anak sulung sudah tidak ada, karena diambil buaya. Yang jelas, kita harus hati-hati dengan buaya.

Paman ikut bercerita, di Timor Loro Sae ke utara, buaya **malah** dilindungi hukum! Jadi tidak boleh memburu atau **melukai** buaya. Bahkan buaya menjadi lambang tentara Timor Loro Sae. Tapi katanya juga, jumlah serangan buaya terhadap manusia di Timor Loro Sae bertambah sejak hukum itu **diberlakukan** tahun 2002.

Sekian dulu Kak Reno, karena aku sudah mengantuk dan besok kami harus kembali ke Kupang. Katanya mau mampir ke air terjun Tesbatan Amarasi. Aku juga mau mencari sasando (alat musik tradisional) kecil buat Mama, supaya bila dibunyikan, dia tidak rindu kampung halaman di Timor.

Sehat-sehat ya di sana. Nanti aku kabari lagi dari Kupang. Salam kangen buat Papa dan Mama.

Adikmu,
Gera

❖ ❖ ❖

Discussion Questions
1. What kind of reputation do crocodiles have? Why?
2. Why are some animals sacred? What are the pros and cons of this?
3. When should we put economics and safety before traditional practices?

Cultural Notes
1. Initially discovered by Europeans on their way to the Moluccas, part of the Spice Islands, in the early sixteenth century, Timor came to the attention of the Portuguese and Dutch thanks to its fragrant sandalwood (**cendana**) trees, which became a valuable trading commodity for over four hundred years.

2. The people of West and East Timor are predominantly Catholic, reflecting this Portuguese influence. However, animist beliefs and practices still exist in some areas and the cult of the crocodile is an example of this.

3. Independent Timor Loro Sae (East Timor) has taken this to an extreme by legally banning the slaughter of crocodiles (known there as *Abu* or Grandfather) in 2002. An unfortunate result of this has been the rise in crocodile attacks on humans in East Timor.

4. However, as shown in the email, there are two schools of thought regarding crocodiles: one that regards them with love and respect, and the other that sees them as a source of income. Recently, the law has been somewhat relaxed, and crocodile farms and sanctuaries have started appearing to keep both the reptiles and the Timorese people safe. Some people have even started businesses processing crocodile meat and also crocodile skin for manufacture into shoes and handbags.

5. Crocodile tales abound, and a variation on the one told to Gera about the crocodile who saved the child is that of a little boy who saved a baby crocodile from dehydration, thus cementing the friendship between the two forever.

Key Words

buaya   crocodile

WIT (Waktu Indonesia Timur)
Eastern Indonesian Time

sinyal   signal

peta   map

bénsin   petrol, gas

menunjukkan   to point out
something, show

héwan   animal, creature

kemari   here, to this place

totem   totem, special symbol of an
ethnic group

diberkati   to be blessed (**memberkati**
= to bless)

bahaya   danger

hadir   to attend, be present

jubah   cloak, cape

remaja   teenager, young unmarried
person

pelindung   protector

pengawal   guard, bodyguard

hati buah pisang   blossom of the
banana plant

dituduh   to be accused (**menuduh** = to
accuse someone)

maling   thief, burglar

menghormati   to respect someone

keramat   sacred

menurutku   in my opinion, I think
("according to me" = **menurut aku**)

sulung   eldest (child of siblings)

malah   on the other hand, conversely

melukai   to injure, harm, hurt
someone

diberlakukan   to be enforced
(**memberlakukan** = to enforce, put
into effect)

sekian dulu   that's all for now
(standard ending for letters, lit. "thus
far, first")

Comprehension Questions / Pertanyaan-pertanyaan

1. What is the purpose of this email, and who is the audience?
   Apa tujuan dan audien surat elektronik ini?

2. For Gera, what was the most memorable part of the traditional
   ceremony?
   Apa yang paling mengesankan bagi Gera saat upacara adat?

3. Who exactly is Bei Nai?
   Siapa sebenarnya Bei Nai?

4. What is one positive aspect of the crocodile in Timor and one dangerous
   aspect?
   **Sebutkan satu sisi baik dari buaya di Timor, serta sisi lain yang
   berbahaya.**

5. What is the relationship between the writer and the village he visited?
   Apa hubungan si penulis dengan kampung yang dikunjunginya?

The Diary of a Desperate Princess

The story of Potre Koneng *(Madurese) or* Putri Kuning *(Indonesian) is a classic tale found in many cultures and societies, both in Indonesia and elsewhere. In this story, a princess becomes pregnant out of wedlock, something that is generally considered taboo. How should she face it? This story reveals that such an occurrence does not always have to end tragically, and is written from the perspective of Potre Koneng herself. We have called this story* Potre Koneng *because there is another story in the archipelago with the title* Putri Kuning *(Yellow Princess), about a king and his ten daughters, of whom Putri Kuning is the youngest.*

Friday, Sapar

Today Father asked me again.

"How can it be that King Saccadiningrat has a beautiful daughter who is still single?" he said.

I answered, "I am not yet ready to get married, Father."

But Father appeared disappointed. I am scared he will bring a suitor from Java, or I will have an arranged marriage.

I don't want to spend the rest of my life with someone I don't love, like my cousin, who became the wife of an elderly official. I want to choose myself.

I only dare write this in my diary.

Saturday, Sapar

It has been a week since I wrote in my diary.

Yesterday I had a good idea. I decided to follow in the footsteps of my ancestors and go to Payudan Cave to meditate. I know people with a problem can go there, to gain enlightenment. So I told Father that I wanted to go to the cave. He was worried because it was far away, but he couldn't refuse because it is a family tradition. I was allowed to go, accompanied by two guards. Payudan Cave is a long way from Sumenep. We had to walk along a track in thick forest.

We arrived at the cave in the late afternoon. The entrance lay on top of a small hill. I told the guards to wait outside, then I entered the cave with drinking water, some food and a torch. Inside it was cool and peaceful. The rock was quite light, so it wasn't too dark. I sat in a corner not far from the cave entrance, then contemplated everything, and said prayers.

Buku Harian Potre Koneng

Cerita Potre Koneng (bahasa Madura) atau Putri Kuning (Bahasa Indonesia) adalah kisah klasik yang terdapat di beberapa budaya dan masyarakat, baik yang ada di Indonesia maupun di luar negeri. Dalam cerita ini, seorang Putri menjadi hamil di luar nikah, hal yang pada umumnya menjadi tabu. Bagaimana menanggapinya? Cerita ini membuktikan bahwa kejadian seperti ini tidak harus selalu berakhir tragis, dan ditulis dari sudut pandang Potre Koneng sendiri. Cerita ini kami beri judul Potre Koneng karena adanya cerita lain di Nusantara berjudul Putri Kuning, yang berasal dari Riau, tentang seorang raja dan sepuluh anak perempuannya, di antaranya Putri Kuning yang anak bungsu.

Jumat Pon, **bulan** Sappar
Hari ini Ayah bertanya lagi.

"**Masa** Raja Saccadiningrat memiliki putri cantik yang masih **melajang**?" **tuturnya**.

Aku jawab, "Aku belum siap menikah, **Ayahanda**."

Tetapi kelihatannya Ayah kecewa. Aku takut, beliau mendatangkan calon suami dari Jawa, atau aku **diperjodohkan**.

Aku tidak ingin menghabiskan hidupku dengan orang yang tidak kucintai, seperti sepupuku, yang menjadi isteri **pejabat** tua. Kuingin memilih sendiri.

Aku hanya berani menulis ini dalam buku harianku saja.

Sabtu Legi, **bulan** Sappar
Sudah seminggu sejak kutulis di buku harian.

Kemarin kudapat ide bagus. Kuputuskan untuk mengikuti tradisi para **leluhur** dan pergi ke Goa Payudan untuk **bersemedi**. Kutahu, orang yang memiliki masalah bisa ke sana untuk berdoa, biar dapat **pencerahan**. Maka kusampaikan kepada Ayah bahwa kuingin pergi ke goa. Beliau takut karena jauh, tapi tidak dapat menolak karena tradisi keluarga. Aku diizinkan berangkat, dikawal oleh dua pengawal. Goa Payudan jauh dari Sumenep. Kita harus berjalan kaki melalu **jalan setapak** di hutan lebat.

Sore hari kami tiba di goa. Pintu masuknya terletak di atas bukit kecil. Aku suruh pengawal tunggu di luar, lalu kumasuk ke dalam goa, membawa air minum, **bekal** makanan dan **obor**. Di dalam sejuk dan tenang. Batunya agak terang, tidak begitu gelap. Aku duduk di pojok yang tidak jauh dari lubang masuk. Lalu aku **merenungkan** semua dan membaca doa.

After the sun had set, I ate then spread out my blanket and slept. I dreamed of my amazing future husband! He had a handsome face and his body was strong and muscular. His hair was shiny black, his skin a rich brown color and his eyes were like pearls from the east. His voice was velvety and he had a Madurese accent. I was so entranced by him! I dreamed he stayed with me in the cave. We talked about all kinds of things. I can still hear his voice in my head, even now.

When I woke up, I felt relieved. Finally, there was a sign of who my husband will be. I told the guards to take me back to the palace. The next time Father asks me, I will be able to answer that I have a suitor in mind.

Wednesday, Jumadilakir

I am worried. Since spending the night in Payudan Cave, I feel that there is something different about me. I am often tired, dizzy and nauseous. I haven't had my period for a hundred days.

Am I pregnant? I've rarely met with a man, let alone made love. It's impossible, but my stomach is beginning to harden and protrude.

I'm scared I won't be able to hide my stomach much longer. My clothes are getting tighter. I really don't know what to do.

Sesudah matahari terbenam, aku makan lalu **menggelar** selimut dan tidur. Ternyata aku mimpi tentang calon suami yang serba hebat! Tampangnya **gagah perkasa** dan badannya tegak dan berotot. Rambutnya hitam mengkilap, kulitnya **sawo matang**, matanya hitam seperti **mutiara** timur. Suaranya merdu dan **berlogat** Madura. Aku sangat terpesona! Kumimpi dia menemaniku di goa. Kita membicarakan segala hal. Suaranya masih terdengar di telingaku sampai sekarang.

Saat bangun tidur, aku merasa **lega**. Ternyata ada **petunjuk**, siapa yang akan menjadi suamiku. Aku mengajak pengawal kembali ke istana. Nanti apabila Ayah bertanya, bisa kujawab, calon suamiku sudah ada.

Rabu Legi, bulan Jumadil Laher
Aku **gelisah**. Sejak bermalam di Goa Payudan, aku memang merasa ada yang lain dengan diriku. Aku sering capai, pusing dan mual. Sudah seratus hari tidak **datang bulan**.

Apakah aku hamil? Jangankan bercinta, bertemu saja dengan lelaki jarang. **Mustahil**, tapi perutku sudah mulai keras dan **menonjol**.

Aku takut tidak bisa menyembunyikan perutku lama lagi. Baju sudah semakin sempit. Aku sungguh tidak tahu harus berbuat apa.

Sunday, Rejeb

Luckily I rescued this diary when I was thrown out of the palace, so that I can write this sorry tale.

This morning Mother came to my room, asking if I had a secret I wanted to share with her. Seeing her kindness, I started to cry and told her about my pregnancy. Mother only hugged me, while wiping the tears from my cheeks.

Later in the day, Father summoned me. He had a different approach. He immediately wanted to know who had got me pregnant.

"Nobody, Father," I replied.

"Impossible!" shouted Father.

"The last time I saw a man," I said, "was when I was meditating in the Payudan Cave and I saw a handsome young man in a dream."

Hearing about my dream, Father got angry. "So you were raped in the cave? Who by? A guard? The handsome young man?"

He did not believe it was all a dream. I wished I hadn't told him about the young man. Since I couldn't answer him, Father told me to leave the palace.

Along with my faithful maidservant, Siti, I wrapped up my belongings and clothes and left the palace. Mother was sobbing. Father's last words rang in my head: "You have brought shame upon the kingdom of Sacca-diningrat. Leave and never return."

Saturday, Rebbe

We have been living in the forest for a month now. Siti asked help from the local villagers to make a small hut for us. We eat fruit and seeds from the forest and sometimes a chicken bought in the village. My belly is huge and I am so scared about what will happen when I give birth there. Siti says that giving birth is an everyday occurrence and that women can do it. But I am far from Mother and also in the jungle. I have to pray with all my heart for strength in facing this trial.

Monday, Takepe

I have had the baby.

I have returned to the palace.

My child was a boy, handsome, who looks like the future husband I met in my dream. I named him Joko Tole. But I only looked after him for a few days. I finally took Siti's advice and left him with her in the jungle. I hope Siti can bring him up to be a good person.

Minggu Pahing, **bulan** Rejjeb

Untung buku harian sempat kuselamatkan saat aku diusir dari keraton, supaya bisa menulis cerita yang **malang** ini.

Tadi pagi Ibu datang ke kamarku, bertanya apakah aku mau membuka rahasia kepada beliau. Melihat sikapnya yang baik hati, aku menangis, dan bercerita soal kehamilanku. Ibu hanya memelukku, serta menyapu air mata dari pipiku.

Siang hari aku dipanggil Ayah. Sikap beliau berbeda. Ayah langsung memintaku sebut siapa yang **menghamiliku**.

"Tidak ada, Ayah," kujawab.

"Tidak mungkin!" bentak Ayah.

"Terakhir kali kulihat seorang lelaki," kukatakan, "waktu aku **bersemedi** di Goa Payudan, saat pemuda ganteng muncul dalam mimpi."

Mendengar tentang mimpiku, Ayah naik pitam. "Jadi kamu **diperkosa** di goa? Oleh siapa? Pengawal? Pemuda ganteng?"

Dia tidak percaya kalau itu mimpi. Aku sangat **menyesal** sudah cerita soal pemuda. Oleh karena aku tetap tidak bisa menjawab, Ayah menyuruhku keluar dari keraton.

Bersama **dayang** setiaku, Siti, **kukemas** barang dan baju, lalu meninggalkan istana. Ibunda menangis **tersedu-sedu**. Terdengar di kepalaku kata-kata terakhir dari Ayah: "Kamu telah **mempermalukan** Kerajaan Saccadiningrat. Pergi dan jangan kembali."

Sabtu Legi, bulan Rebbe

Sudah sebulan kami tinggal di hutan. Siti minta tolong kepada orang desa setempat untuk membuat **gubuk** kecil buat kami. Kami makan buah dan biji dari hutan, dan sekali-sekali ayam yang dibeli di desa. Perutku sudah besar dan aku sangat ketakutan, bagaimana nanti kalau aku melahirkan di hutan. Kata Siti, melahirkan itu hal biasa. Semua perempuan bisa. Tapi aku jauh dari Ibu dan berada di hutan pula. Aku harus banyak berdoa agar diberi kekuatan, menghadapi **cobaan** ini.

Senin Wage, bulan Takepe

Aku sudah melahirkan.

Aku sudah kembali ke keraton.

Anakku laki-laki, tampan, mirip dengan calon suami yang kutemui dalam mimpi. Aku berikan dia nama Joko Tole. Tapi bayiku hanya **kurawat** selama beberapa hari. Akhirnya aku ambil nasihat Siti dan tinggalkannya dengan Siti di hutan. Semoga Siti bisa membesarkannya **menjadi orang** nanti.

I am a member of the royal family, and I cannot endure living in the jungle and being cursed by Father. May he forgive me, although I still don't know what I have done wrong. So now I have returned to the palace. But my heart is empty.

I miss the handsome young man, but at the same time I also hate him. Why do my child and I have to suffer like this?

Potre Koneng's wish came true. Her son Joko Tole grew up to be a famous hero of both Madura and Java. She had a second son with the mysterious young man, Adi Poday, in the same unusual circumstances. Potre Koneng's grave can be visited in Madura and is considered a sacred place by many.

❖ ❖ ❖

Discussion Questions
1. Do you know of any stories that have the same theme in different cultures (for example, Tom Thumb in English and his counterpart Momotaro in Japanese)? Why do you think this happens?
2. What are the problems associated with pregnancy outside of marriage, especially in traditional societies? How do people usually try to solve these problems?
3. What is the purpose of keeping a diary? Who is the audience?

Cultural Notes
1. Potre Koneng's diary is imagined in the period not long after Islam had come to Indonesia. Previously, the local calendar would have been based on the Javanese year, which consists of twelve months relating to natural events and harvests. Their names often translated as 'fifth month', 'sixth month' and so on.

2. The arrival of Islam, with the length of its months determined by observation of the moon, saw a shift to the Islamic calendar. However, as in other parts of Indonesia, the Arab names were modified into the local language. In this story, the Madurese names *Sappar, Jumadil Laher, Rejjeb, Rebbe* and *Tekepe* are used (for the Arab months *Safar, Jumadil Akhir, Rajab, Syaban* and *Zulkaidah* respectively.) The most well-known Islamic month in Indonesia is *Ramadan* (known in Madurese as *Puasa* or 'fasting'). Islamic influence also saw the introduction of a seven-day week, in conjunction with the existing five Javanese market days.

Aku orang **bangsawan**, tidak kuat tinggal di hutan dan dikutuk Ayah. Semoga beliau memaafkanku, walaupun aku masih tidak tahu apa kesalahanku. Jadi sekarang kukembali ke keraton. Tapi hatiku kosong.

Kurindukan lelaki yang tampan itu, tetapi pada saat yang sama aku juga benci. Mengapa aku dan anakku menjadi korban begini?

> Keinginan Potre Koneng **terkabulkan**. Saat sudah besar, anaknya Joko Tole menjadi pahlawan yang terkenal di Madura maupun di Jawa. Dia juga melahirkan anak kedua dari pemuda Adi Poday yang misterius, setelah hamil dengan cara yang sama. **Makam** Potre Koneng dapat dikunjungi di Madura dan dianggap keramat oleh banyak orang.

❖ ❖ ❖

3. The days on which Potre Koneng writes her diary reflects this: one entry is dated **Rebo Legi**. **Rebo** (Indonesian **Rabu**) comes from the Arabic *arba'a* or four), while **Legi** (Javanese for "sweet") is a market day. The dates are given in their Madurese names here. This means there are 35 possible combinations in a cycle. The night before **Jumat Kliwon** is considered particularly significant for supernatural activity: this is when Potre Koneng stays in the cave, although she writes about it the day after.

4. In this diary, the audience is the princess herself, hence the use of **aku** for the first person rather than the more formal **saya**. This introduces forms such as **kurawa (aku rawat)** and **dayangku** (my maidservant). The pronoun can be combined, much like **kamu (-mu)** which is also used in intimate exchanges.

5. On the other hand, as an aristocrat showing respect, Potre Koneng addresses her father as **Ayahanda**, a rather formal and literary form of **Ayah** (Father), and her mother as **Ibunda**, in the same vein. Potre Koneng's grave is one of a number of sacred sites in Madura. Others include Islamic figures who have featured in the island's history. This veneration of gravesites dates from pre-Islamic times.

Key Words

masa, masak, masakan   (exclamation of disbelief) impossible, how can it be?

melajang   to be single

Ayahanda   Father (the **-anda** prefix makes it very formal, or personal)

Ibunda   Mother (the **-anda** prefix makes it very formal, or personal)

diperjodohkan   to be married off (**memperjodohkan** = to marry off, arrange a marriage)

pejabat   official

leluhur   ancestor

bersemedi   to meditate

pencerahan   enlightenment

jalan setapak   footpath, trail, track

bekal   (supply of) food

merenungkan   to contemplate, think about

obor   torch (old-fashioned, with a flame)

menggelar   to roll out, spread out

gagah perkasa   handsome, good-looking

sawo matang   brown-skinned (like a ripe **sawo** fruit)

mutiara   pearl

berlogat   to have an accent, accented

lega   relieved

petunjuk   sign, indicator

gelisah   nervous, worried

datang bulan   (menstrual) period

mustahil   impossible

menonjol   sticking out, protruding

malang   unlucky, unfortunate, sad

menghamili   to get a woman pregnant, impregnate

diperkosa   raped (**memperkosa** = to rape)

menyesal   to regret

dayang   handmaiden, maidservant

kemas, mengemas   to pack up, package

tersedu-sedu   in sobs (of crying)

mempermalukan   to bring shame upon, embarrass

gubuk   hut

cobaan   trial, challenge

kurawat   I looked after (**merawat** = to look after, care for)

menjadi orang   to become someone successful, to be a good person

bangsawan   aristocrat, member of the royal family

terkabulkan   to be granted (**mengabulkan** = to grant a wish or prayer)

makam   grave

Comprehension Questions / Pertanyaan-pertanyaan

1. Why was King Saccadiningrat disappointed in his daughter?
   Mengapa Raja Saccadiningrat kecewa dengan putrinya?

2. Because of this, what did she decide to do?
   Oleh karena itu, apa yang dilakukan Potre Koneng?

3. How did Potre Koneng's parents react to her telling them about her dream?
   Bagaimana orang tua Potre Koneng menganggapi ceritanya tentang mimpi itu?

4. What do you think really happened in the cave?
   Menurut Anda, apa yang sebenarnya terjadi di goa?

5. Who suggested that Potre Koneng leave her baby and return to the palace? Would you have done the same? Why?
   Siapa yang menyarankan Potre Koneng meninggalkan anaknya dan kembali ke keraton? Apakah Anda akan melakukan hal yang sama? Mengapa?

How Lake Toba was Formed

This legend comes from North Sumatra. The backdrop for the legend is Lake Toba, a large natural lake lying in the caldera of a supervolcano at an altitude of 900 metres above sea level. In the middle of Toba, Indonesia's largest lake, is an island almost the size of Singapore, named Samosir. The beauty of both island and lake has driven people to connect these two divine creations in various ways. One is the emergence of a number of legends about the formation of the island and Lake Toba.

The text below is an official report from the authorities about Toba's criminal activity towards his son Samosir based on information from his wife before she turned into a fish.

NORTH SUMATRA REGIONAL POLICE
PARAPAT POLICE STATION
Jl. Simbolon Purba No. 57

POLICE REPORT
Number: LP / 28 / k / VII / 2019 / Parapat Police Sector

Report made by:
1. Name: Mina
2. Age: 22 years
3. Religion: unknown
4. Occupation: housewife

Report Details:
1. Time of incident: Friday, December 20, 2019
2. Location of incident: Balige village
3. Occurrence: Offensive behavior and breaking of a promise
4. Offender: Toba
5. Victim: Samosir
6. Reported on: Monday, December 23, 2019 at 7 PM
                Western Indonesian Time

Asal-Usul Danau Toba

Legenda ini berasal dari Sumatera Utara. Legenda ini mengambil latar Danau Toba, danau alami berukuran besar yang berada di kaldera gunung api raksasa di atas ketinggian 900 meter di atas permukaan laut (dpl). Di tengah danau terbesar di Indonesia ini terdapat sebuah pulau dengan ukuran hampir sama dengan Singapura yang bernama Pulau Samosir. Keindahan pulau dan danau ini mendorong orang untuk menghubungkan kedua ciptaan Tuhan ini dengan berbagai cara. Salah satunya dengan munculnya berbagai legenda tentang terbentuknya pulau dan danau Toba ini.

Teks di bawah ini adalah surat keterangan dari pihak berwajib atas laporan tentang tindakan kriminal yang dilakukan oleh Toba terhadap anaknya Samosir berdasarkan laporan isterinya sebelum isterinya berubah menjadi ikan.

KEPOLISIAN DAERAH SUMATERA UTARA
RESORT PARAPAT
Jl. Simbolon Purba No. 57

LAPORAN KEPOLISIAN
Nomor: LP / 28 / k / VII / 2019 / **Polsek** Parapat

Yang Melaporkan:
1. Nama: Mina
2. Umur: 22 tahun
3. Agama   tidak diketahui
4. Pekerjaan: ibu rumah tangga

Hal Yang Dilaporkan:
1. Waktu kejadian: Hari Jumat tanggal 20 Desember tahun 2019
2. Tempat kejadian: Desa Balige
3. Apa yang terjadi: **Perbuatan tidak menyenangkan** dan ingkar janji
4. Siapa **terlapor**:   Toba
5. Siapa korban: Samosir
6. Dilaporkan pada: hari Senin Tanggal 23 Desember 2019 jam 19.00 WIB

Incident:

On Friday, December 20, 2019 at 2 PM the victim was taking lunch to the offender when he was subject to abusive behavior, both physical and mental. After receiving the food brought by the victim, consisting of leftovers, the offender immediately struck the victim with his arm while uttering offensive language. This incident took place in the village of Balige around 2 PM Western Indonesian Time.

Criminal offense: offensive behavior, abuse and breaking of a promise

Name and address of witnesses:

1. Name: Bontor Manullang   Age: 26 years
   Address: Jl. Sibarani Nasampulu   Occupation: Farmer
   Relationship with plaintiff and alleged offender: Neighbor
 	
2. Name: Agam Simorangkir   Age: 20 years
   Address: Jl. Lagoeboti   Occupation: Farmer
   Relationship with plaintiff and alleged offender: Neighbor

Kejadian Perkara:
Pada hari Jumat tanggal 20 Desember 2019 sekitar pukul 14.00 WIB pada saat korban mengantarkan makanan siang untuk terlapor, korban mengalami perlakuan yang tidak menyenangkan secara fisik dan mental. Setelah mendapatkan makanan yang dibawakan oleh korban berupa makanan sisa, terlapor langsung memukulkan tangannya ke badan korban sambil mengeluarkan kata-kata yang tidak mengenakan. Kejadian ini terjadi di desa Balige sekitar pukul 14.00 WIB.

Tindak Pidana: Perbuatan tidak menyenangkan, **penganiayaan** dan ingkar janji

Nama dan alamat saksi- saksi:

1. Nama: Bontor Manullang   Umur: 26 tahun
   Alamat: Jl. Sibarani Nasampulu   Pekerjaan: Petani
   Hubungan dengan pelapor dan terlapor: Tetangga

2. Nama: Agam Simorangkir   Umur: 20 tahun
   Alamat: Jl. Lagoeboti   Pekerjaan: Petani
   Hubungan dengan pelapor dan terlapor: Tetangga

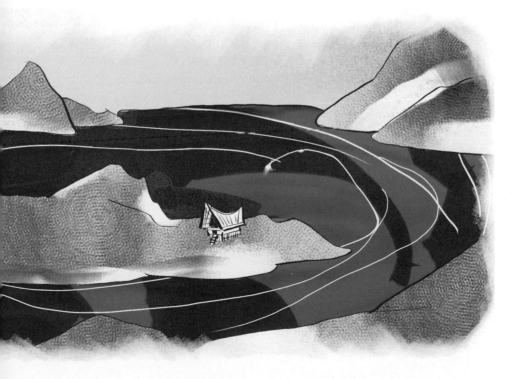

Brief Chronology of Events

On Friday, December 20, 2019 at approximately 2 PM Western Indonesian Time, the victim met the offender to deliver a lunch parcel. When he received the rice brought by the victim, who happened to be the offender's son, the offender lost control, striking the victim with a blow while saying, "What can you expect from the child of a fish?"

The person making this report, who happens to be the wife of the offender and mother of the victim, is indeed the incarnation of a fish caught in a river by the offender several years ago. The plaintiff and offender fell in love. Before they married, the offender promised to not bring up the plaintiff's past. The offender has now reneged on that promise.

Samosir, the victim, is the only child of the plaintiff and offender. Today he has become a victim of violence from Toba, the offender and his father. Indeed, Samosir does have traits that are less than perfect. He is a little lazy and spoilt. When he felt hungry while taking food to the offender, Samosir ate part of it without much thought. Samosir hoped for understanding from his father as in the past, but instead received the opposite. His shoulder and temple are bruised as a result of the offender's blows.

The plaintiff needs to inform the authorities that the promise broken by the offender to not dredge up the plaintiff's past as a fish has serious consequences. The land on which they live will change into a large lake and become a place where the plaintiff will once again live as a fish in the water. The plaintiff will not have the opportunity to live with the victim, her son, who will continue to live on land. This will be the start of separation from the plaintiff.

Before water began flooding into the plaintiff's house, the plaintiff ordered the victim, her son, to immediately run to higher ground and save himself from drowning or from being carried away by the floodwaters which very soon would flood a large part of the area where the plaintiff lived. Samosir, the victim, immediately ran up the hill to safety to avoid the flood. In the future, people will know this hill as the island of Samosir, in memory of the victim.

As a result of this incident, it is very difficult for the plaintiff to be reunited with the victim because the environments in which the plaintiff and victim live are now different: the plaintiff lives in the water of the lake, while Samosir, the victim, lives on a small island in the middle of the lake.

Barang Bukti:

Uraian Singkat Kejadian

Pada hari Jumat tanggal 20 Desember 2019 sekitar pukul 14.00 WIB, korban menemui terlapor untuk mengantarkan bingkisan makan siangnya. Ketika menerima nasi yang dibawa oleh korban, yang kebetulan adalah anak terlapor, terlapor lepas kendali, menghantamkan pukulan terhadap korban sambil mengucap "Dasar anak keturunan ikan!"

Pelapor, yang kebetulan adalah isteri bagi terlapor dan ibu bagi sang korban, memang **jelmaan** dari ikan yang ditangkap di sungai oleh terlapor beberapa tahun lalu. Pelapor dan terlapor saling jatuh cinta. Sebelum menikah, terlapor berjanji untuk tidak **mengungkit-ungkit** masa lalu terlapor. Terlapor sudah ingkar janji sekarang.

Samosir, yaitu korban, adalah anak satu-satunya bagi pelapor dan terlapor. Hari ini dia telah menjadi korban atas **kekerasan** yang dilakukan oleh Toba, yaitu terlapor, ayah dari korban. Memang, Samosir mempunyai sifat yang kurang baik. Dia sedikit malas dan **manja**. Ketika dia merasa lapar dalam perjalanan mengantarkan makanan untuk terlapor, Samosir memakan sebagian makanan tersebut tanpa berpikir panjang. Samosir berharap pengertian dari terlapor sebagai ayahnya seperti yang sudah-sudah, namun dia malah mendapatkan hal sebaliknya. Bahu dan **pelipis** matanya memar akibat pukulan terlapor.

Perlu pelapor beritahukan bahwa **pengingkaran** atas janji terlapor untuk tidak mengungkit asal muasal pelapor sebagai ikan mempunyai akibat yang **fatal**. Tanah tempat mereka tinggal akan berubah menjadi sebuah danau yang besar dan menjadi tempat di mana pelapor akan hidup kembali menjadi seekor ikan lagi di air kembali. Pelapor tidak akan mempunyai **kesempatan** untuk hidup dengan korban, anak dari pelapor yang akan tetap hidup di daratan. Ini akan menjadi awal perpisahan bagi pelapor.

Sebelum air **menggenangi** rumah pelapor, pelapor perintahkan korban, anak pelapor, untuk segera berlari **menyelamatkan diri** ke tempat yang paling atas supaya tidak **tenggelam** terbawa oleh **air bah** yang semakin lama akan mengairi sebagian besar wilayah tempat pelapor tinggal. Samosir, sang korban, harus terus berlari agar selamat ke arah bukit yang tidak akan tergenangi oleh air bah. Kelak orang akan mengenal bukit tersebut dengan nama Pulau Samosir untuk mengenangnya.

Akibat dari kejadian ini, maka sangat sulit untuk pelapor untuk bisa berkumpul kembali dengan korban karena lingkungan tempat pelapor dan korban hidup menjadi berbeda: pelapor tinggal di air danau sementara Samosir, korban, tinggal di pulau kecil di tengah-tengah danau.

The plaintiff feels very uncomfortable and disadvantaged by this incident. The plaintiff is making this report in sound mind with the hope that the authorities will be able to assist her with gaining justice for the losses she has suffered thanks to the actions of Toba, the offender, who happens to be her husband.

The plaintiff certifies that all information is true and adds her signature below.

Plaintiff
Mina the fish

❖ ❖ ❖

Discussion Questions

1. Have you ever visited a natural volcanic lake? Describe what it was like.
2. Why do people often try to link natural wonders like lakes, forests and rivers to legends?
3. What are the components or features of an official report? What is the purpose of such a report? Who is the audience?

Pelapor benar-benar merasa tidak nyaman dan dirugikan atas kejadian ini. Pelapor membuat laporan ini dalam kondisi sehat dengan harapan bahwa pihak berwajib dapat membantu pelapor untuk mendapatkan **keadilan** atas kerugian yang pelapor dapatkan akibat perbuatan Toba, terlapor yang kebetulan adalah suami pelapor.

Pelapor membenarkan semua keterangan dan membubuhkan tanda tangannya di bawah.

Pelapor
Mina si ikan

❖ ❖ ❖

Cultural Notes

1. Lake Toba is a large natural lake in Sumatra created by the eruption of a supervolcano some 75,000 years ago. Geologists believe the lake, the largest volcanic lake in the world, fills the area of the volcano's crater, while the island of Samosir, which is attached to the mainland by an isthmus, is the remnant of one of the lava vents. The story above, as told in the police report, is a local version of events.

2. The Batak people of North Sumatra have a unique culture with various ethnic sub-groups, stretching from the Karo in the north (south of Aceh) to people on the western island of Nias. Most Batak are Christians, following foreign missionary work during the nineteenth century.

3. As a result, both pork and alcohol are important parts of their culture, distinguishing them from most other ethnic groups in Sumatra. The Batak have been particularly successful as lawyers and are well-known for being forthright, in contrast to (for example) the Javanese who place great importance on cooperation and conventions of politeness.

4. The addresses given in the document show how Indonesian streets are named. The word **Jalan** or **Jl**. (street) comes first, then the name of the street. This may be followed by the house number in larger towns, and possibly a **blok** (block). House numbers are not always sequential!

Key Words

pihak berwajib authorities
laporan report
polsék police station (for a certain "sector")
perbuatan tidak menyenangkan offensive behavior
mengalami to experience
penganiayaan abuse
terlapor (alleged) offender
WIB (Waktu Indonesia Barat) Western Indonesian Time (Sumatra and Java)
pelapor plaintiff
korban victim
tindak pidana criminal offense
barang bukti evidence
uraian list, chronology
jelmaan incarnation
mengungkit-ungkit to bring up, dredge up
yaitu that is, i.e.
kekerasan violence
manja spoilt
pelipis temple
pengingkaran breaking, reneging of
fatal serious (not necessarily fatal)
kesempatan opportunity, chance
perpisahan separation
menggenangi to flood, inundate
menyelamatkan diri to save oneself
tenggelam to drown, sink
air bah floodwaters
dirugikan disadvantaged (**merugikan** = to disadvantage)
keadilan justice

Comprehension Questions / Pertanyaan-pertanyaan

1. Why did the plaintiff (Mina) report her own husband to the police?
   Mengapa pelapor (Mina) melaporkan suaminya sendiri kepada polisi?

2. What caused the offender (Toba) to become very angry with the victim (Samosir)?
   Apa yang menyebabkan terlapor (Toba) sangat marah terhadap korban (Samosir)?

3. Why did Mina not want Toba to tell the secret of her past?
   Mengapa Mina tidak mau Toba membuka rahasia tentang masa lalunya?

4. What two things made Mina feel she had been treated badly?
   Sebutkan dua hal yang membuat Mina merasa dirugikan?

5. Why was Samosir sure he would not get into trouble when he ate part of his father's food?
   Mengapa Samosir merasa yakin tidak akan mendapat masalah ketika dia memakan makanan ayahnya?

Four Mountains, Four Sultans

When visiting the province of the North Moluccas, tourists will see and hear the phrase "Kie Raha" or "Moloko Kie Raha." The aim of this report is to explain the origins of Kie Raha, its role in the history of the Indonesian archipelago, its history over several hundred years and prospects for the future.

MOLOKO KIE RAHA: FOUR MOUNTAINS, FOUR SULTANS
A report

Introduction

The four sultanates of Kie Raha played a very important role in the history of the Indonesian archipelago with the development of the spice trade, which was eventually controlled by European nations in the fifteenth and sixteenth centuries. Each sultanate represented a mountain from a different island, but were united in their Islamic faith.

Origins

The meaning of Moloko Kie Raha is "kingdoms of four mountains." The word *moloko* (or **Maluku**, Moluccas) is of uncertain origin. Some think it means "kings" (*muluk* in Arabic), which may refer to the Kie Raha kingdoms. *Kie* is "mountain," while *raha* means "four."

Eastern Indonesia is very much associated with trade and the sea. For that reason, Islamic influence arrived there earlier than in other parts of the archipelago. However, Ternate and Tidore often considered each other enemies. In 1322, the Moti Agreement was signed to strengthen ties between these two kingdoms, which also controlled Bacan, Jailolo and other areas in the North Moluccas, and even Raja Ampat and Misool in Papua.

These Spice Islands were then taken over by foreign powers. Spain took control in Tidore and Portugal in Ternate. Both were seeking nutmeg and cloves to preserve food in Europe.

Moloko Kie Raha

Apabila berkunjung ke propinsi Maluku Utara, wisatawan pasti melihat atau mendengar tentang "Kie Raha" atau "Moloko Kie Raha." Laporan ini bertujuan menjelaskan asal-usul Kie Raha, perannya dalam sejarah Nusantara, sejarahnya selama sekian ratus tahun, dan prospek masa depannya.

MOLOKO KIE RAHA: EMPAT GUNUNG, EMPAT SULTAN

Sebuah laporan

Pendahuluan
Keempat **kesultanan** Kie Raha memainkan peran yang sangat penting dalam sejarah **kepulauan** Indonesia, dengan perkembangannya perdagangan rempah-rempah yang akhirnya dikuasai negara-negara Eropa pada abad ke15-16. Setiap kesultanan mewakili gunung (*kie*) di pulau yang berbeda, tapi menjadi satu sebagai penganut agama Islam.

Asal-usul
Artinya Moloko Kie Raha adalah 'tempat kerajaan empat gunung.' Kata Moloko (atau Maluku) kurang jelas asal-usulnya. Ada yang berpendapat artinya 'para raja' (*muluk* dalam bahasa Arab) yang **barangkali merujuk** ke kerajaan-kerajaan Kie Raha. *Kie* adalah '*gunung*,' sedangkan *raha* berarti '*empat.*'

Kawasan di timur Indonesia ini sangat kental dengan perdagangan dan laut. Oleh karena itu, pengaruh agama Islam masuk lebih awal dibandingkan dengan tempat lain di Nusantara. Namun Ternate dan Tidore sering saling menganggap sebagai **musuh**. Pada tahun 1322, Persetujuan Moti ditandatangani untuk memperkuat kedua kerajaan ini yang juga **menguasai** Bacan, Jailolo dan daerah lain di Maluku Utara, bahkan Raja Ampat dan Misool di Papua.

Pulau-pulau Rempah kemudian diperebutkan pihak asing. Spanyol menjadi **berkuasa** di Tidore dan Portugis berkuasa di Ternate. Keduanya datang mencari pala dan cengkeh untuk mengawetkan makanan di Eropa.

After Spain left Indonesia in 1663, the islands finally fell into the hands of the VOC (Dutch East India Company) and then the Dutch government. As part of the Republic of Indonesia, the islands first were part of the province of the Moluccas, which was then broken up into North Moluccas.

Now let us look at the Kie Raha Sultanates in more detail.

A. Bacan

Bacan is the most southerly island of Kie Raha, lying west of the Halmahera peninsula. At present, the town of Labuha is the capital of the South Halmahera Regency. On this island there are many mountains, the highest of which is Mount Batusibela, at 2,111 meters above sea level. Other islands in the regency include Kasiruta, Kayoa, Makian, Mandioli and Obi.

The Bacan Sultanate dates from 1521 when the first sultan became Muslim. Bacan is famous for its **bacan** or agate stones.

Setelah Spanyol keluar dari Indonesia tahun 1663, akhirnya kepulauan ini jatuh ke tangan VOC lalu pemerintah Belanda. Di Republik Indonesia pulau-pulau ini pertama masuk ke dalam propinsi Maluku, yang kemudian dimekarkan menjadi propinsi Maluku Utara.

Sekarang kita lihat kesultanan Kie Raha secara lebih terinci.

A. Bacan

Pulau Bacan adalah pulau paling selatan di antara Kie Raha, di barat semenanjung Halmahera. Sekarang kota Labuha menjadi ibukotanya Kabupaten Halmahera Selatan. Di pulau ini terdapat banyak gunung, yang tertingginya Gunung Batusibela, di 2.111 meter di atas permukaan laut. Pulau-pulau lain di kabupaten ini termasuk Kasiruta, Kayoa, Makian, Mandioll dan Obi.

Kesultanan Bacan dimulai tahun 1521 ketika Sultan pertama masuk agama Islam. Bacan terkenal atas batu bacan atau batu **akik**.

B. Jailolo

The shape of the island of Halmahera greatly resembles that of Sulawesi to the west. Geologically, these two islands were both formed from collisions of three tectonic plates.

The Sultanate of Jailolo has a close relationship with the Sultanate of Ternate, which long ruled the Halmahera area. In 1500, the first Sultan of Jailolo, Kolano Daradjati, was inaugurated. In 1832, Sultan Muhammad Asgar was exiled by the Dutch government to Cianjur, West Java, where he died. The Jailolo Sultanate was only revived at the beginning of this century (2003), but until now there have been two claimants as sultan. The palace also had to be rebuilt in a new location.

C. Ternate

The island of Ternate lies around 20 kilometers west of Halmahera. It is almost perfectly round in shape, with the peak of Mount Gamalama at its center. To the north lies the island of Hiri. It is the fertile land on the foothills of this active volcano that has made Ternate rich, enabling it to produce cloves, nutmeg and other plantation crops. Thanks to this fertility, Ternate has become very influential.

The Sultan of Ternate still resides in the palace (*kadatong*) in the center of town. The lineage can be traced from the thirteenth century.

D. Tidore

Tidore, the island and fourth sultanate of Kie Raha, is separated from Ternate by a small strait. It only takes around 10 minutes to cross from Ternate to Tidore. In the northeast lies the island of Maitara (immortalized on the Rp.1.000 banknote). Although Tidore is physically almost twice as large as Ternate, it has a smaller population. The Tidore palace is still in Soasio, not far from the old Spanish fort. Thanks to its less accessible location, Tidore still enjoys strong traditions and culture compared with Ternate. One famous form of handicraft on Tidore is weaving, which is done by men.

Conclusion

The name Kie Raha is still influential in this region, such as in the name of the soccer facility in Ternate, Kie Raha Stadium. The concept of Kie Raha is also used to strengthen the region, especially in facing challenges such as inter-island competition and ethnic and religious violence. Kie Raha is a symbol of identity for the people of the North Moluccas in the 21st century.

❖ ❖ ❖

B. Jailolo

Bentuk pulau Halmahera sangat mirip dengan pulau Sulawesi di sebelah barat. Memang secara geologis kedua pulau ini sama-sama terbentuk dari benturan tiga lempeng bumi.

Kesultanan Jailolo punya hubungan erat dengan kesultanan Ternate, yang lama menguasai wilayah Halmahera. Pada tahun 1500, Sultan Jailolo yang pertama **dinobatkan**, yaitu Kolano Daradjati. Pada tahun 1832 Sultan Muhammad Asgar **diasingkan** oleh pemerintah Belanda ke Cianjur, Jawa Barat, tempat dia wafat. Kesultanan Jailolo baru hidup kembali pada awal abad ini, namun sampai sekarang ada dua sultan saingan. Keraton pun harus dibangun kembali di tempat baru.

C. Ternate

Pulau Ternate **terletak** sekitar 20 kilometer di barat pulau Halmahera. Bentuknya hampir bulat sempurna, dengan puncak Gunung Gamalama di tengah. Ke arah utara terletak Pulau Hiri. Tanah yang subur di lereng gunung api aktif inilah yang membuat Ternate kaya, sehingga menghasilkan **cengkeh**, **pala**, dan hasil perkebunan lainnya. Oleh karena kesuburannya itu, Ternate menjadi sangat berpengaruh.

Sultan Ternate masih tinggal di keraton (*kadatong*) di tengah kota. **Silsilahnya** bisa dilacak sejak abad ke 13.

D. Tidore

Tidore, yaitu pulau dan kesultanan keempat Kie Raha, terpisah dari Ternate oleh selat kecil. Hanya makan waktu sekitar 10 menit untuk **menyeberang** dari pulau Ternate ke Tidore. Di timur laut terdapat Pulau Maitara (diabadikan di lembaran uang Rp.1.000). Walaupun Tidore secara fisik hampir dua kali lebih besar daripada Ternate, jumlah penduduknya lebih kecil. Kedaton Tidore masih ada di Soasio, tidak jauh dari bekas benteng Spanyol. Berkat lokasi yang lebih sulit dicapai, Tidore masih kental dengan tradisi dan budaya dibandingkan Ternate. Salah satu bentuk kerajinan yang terkenal di Tidore adalah hasil **tenun**, yang dikerjakan kaum lelaki.

Kesimpulan

Nama Kie Raha tetap berjaya di kawasan ini, seperti dalam nama fasilitas sepak bola di Ternate, Stadion Kie Raha. Konsep Kie Raha juga digunakan untuk memperkuat kawasan, terutama dalam menghadapi tantangan seperti persaingan antar pulau dan kekerasan antar suku dan agama. Kie Raha menjadi lambang identitas masyarakat Malut di abad 21.

❖ ❖ ❖

Discussion Questions

1. Can you think of any neighboring places in the world that have united, then separated again? Are neighbors generally close or do they compete with each other?
2. Why were spices from India, and later Indonesia, so important to European explorers?
3. What are the characteristics or features of a report?

Cultural Notes

1. Ternate, Tidore and the other islands and sultanates of Kie Raha are small in size but have been at the crossroads of world history as the source of precious spices, especially cloves and nutmeg, during the European age of exploration.

2. The rich history of the area can be seen not only in place names, but also in the number of forts and historic buildings dotted around the islands.

3. The people of the North Moluccas have had many rulers over the years, and their borders and forms of government have changed over time. Most of the North Moluccas are Muslim, but there are also many people who are Christian, the predominant faith in eastern Indonesia.

4. The sectarian violence that swept the Moluccas in 1998–99 affected the lands of Kie Raha somewhat less, although Halmahera suffered unrest and many refugees fled to safety on Ternate.

5. In Indonesian, numbers in the thousands are denoted by the use of a dot (.) rather than a comma or space as in English. This is in line with the practice in Dutch and most European languages. The height of Gunung Batusibela is therefore 2,111 meters in English, but **2.111 meter** in Indonesian. Conversely, a comma is used instead of a decimal point for millions. The population of the North Moluccas in 2019 was 1.038 million but written as **1,038 juta** in Indonesian.

Key Words

kesultanan sultanate
kepulauan archipelago
barangkali perhaps, maybe
merujuk to refer to, use as a reference
musuh enemy
menguasai to control, have power over
berkuasa to be powerful, in power
akik agate
dinobatkan to be installed (**menobatkan** = to install, inaugurate)
diasingkan to be exiled (**mengasingkan** = to exile, banish)
terletak to be located, lie
céngkéh cloves
pala nutmeg
silsilah family tree
menyeberang to cross (over)
tenun weaving

Comprehension Questions / Pertanyaan-pertanyaan

1. What is the meaning of Moloko Kie Raha?
   Apa artinya Moloko Kie Raha?

2. Which foreign nations have colonized the North Moluccas?
   Negara asing mana saja yang pernah menjajah Maluku Utara?

3. What were these foreign colonial powers looking for in the Spice Islands?
   Apa yang dicari penjajah asing di "pulau-pulau rempah" ini?

4. Which are the two oldest and most influential sultanates of Kie Raha?
   Dua kesultanan mana yang menjadi paling tua dan berpengaruh di Kie Raha?

5. Why was the Moti Agreement signed?
   Mengapa Persetujuan Moti ditandatangani?

Dugongs of the Mahakam River

Dugongs are rare animals in Southeast Asia. From the waters of Australia's Great Barrier Reef to the rivers of Laos and Myanmar, the dugong is a marine animal that holds people in awe. The Mahakam is one of the longest rivers in Kalimantan. These blog posts retell the story of the legend behind the dugongs of the Mahakam, as well as the challenges faced by the people of East Kalimantan.

A PEEK AT THE DUGONG OF THE MAHAKAM RIVER
1 November 2019 6.12 AM, Central Indonesian Time

Good morning everyone! This is my first blog post since stepping on Kalimantan soil three days ago, in awe at the wonder of nature, but also uncertain about our earth's future.

It has actually been a dream of mine since I was small to go to the Mahakam River and see the dugongs. Now, finally, as I have enough time and money, I can fly to East Kalimantan and travel to the interior.

From Sepinggan Airport I went to Samarinda, which is located at the mouth of the Mahakam, one of the largest rivers in Indonesia. On the way, we passed the area they say will be developed into Indonesia's new capital city.

On the first morning, we were picked up by bus and follow the Mahakam River upstream. A dugong statue decorates the entrance to the Mulawarman Museum in Tenggarong. But the river water there is a cause for concern. There is a lot of rubbish and also a lot of water traffic. How can a dugong be comfortable in an area full of humans?

After seeing the sunset from the Martadipura Bridge and staying overnight at Kotabangun, on the second day we left for the Kaman Sedulang Mouth Conservation Zone. Although dugongs are now rarely seen in the open river, they are still found in the quiet conservation zone. I was busy looking at the forest and swamps from our boat when suddenly there was a movement in the water not far from us. A dugong! Its head was round

Pesut Mahakam

Pesut atau lumba-lumba air tawar adalah salah satu binatang langka di Asia Tenggara. Dari perairan Terumbu Karang Besar di Australia, ke sungai-sungai di Laos dan Myanmar, pesut menjadi salah satu penghuni air yang dikagumi masyarakat. Sungai Mahakam adalah salah satu sungai terbesar di pulau Kalimantan. Tulisan blog di bawah menceritakan legenda di balik pesut serta tantangan yang dihadapi oleh masyarakat di Kalimantan Timur.

MENGINTIP PESUT MAHAKAM
1 November 2019 06:12 **WITA**

Selamat pagi semua! Ini pos blog pertama sejak **menginjak** tanah Kalimantan tiga hari yang lalu. Kagum atas keindahan alam yang ada, tapi juga **was-was** tentang masa depan dunia ini.

Sejak kecil saya **bercita-cita** pergi ke Sungai Mahakam dan melihat pesutnya. Sekarang akhirnya, karena ada waktu dan uang yang cukup, saya bisa terbang ke **Kaltim** dan jalan ke pedalaman.

Dari bandara Sepinggan saya ke Samarinda, yang terletak di **muara** Mahakam, salah satu sungai terbesar di Indonesia. Di perjalanan, kami lewat daerah yang katanya mau dikembangkan menjadi **ibukota** Indonesia yang baru.

Pada hari pagi pertama, kami dijemput naik bus **menelusuri** Sungai Mahakam ke arah **hulu**. Patung pesut jadi **hiasan** di gerbang pintu Museum Mulawarman di Tenggarong. Namun keadaan air sungai di sana cukup menguatirkan. Banyak sampah, dan lalu lintas kendaraan air juga ramai. Bagaimana seekor pesut bisa nyaman di daerah padat manusia seperti ini?

Setelah kami melihat matahari **terbenam** dari Jembatan Martadipura dan bermalam di Kotabangun, hari kedua kami berangkat ke **Cagar Alam** Muara Kaman Sedulang. Walaupun pesut sekarang jarang terlihat di sungai terbuka, tapi masih ada di cagar alam yang sepi. Saya sibuk **mengamati** hutan dan rawa dari **ketinting** yang kami **tumpangi** ketika tiba-tiba ada gerakan di air tidak jauh dari kami. Seekor pesut mahakam! Kepalanya

like a human's and its fins were not pointy like a dolphin's. It only came up once or twice to the surface, then dived down and disappeared from view. We were all moved and shouted with joy, trying to take pictures.

Our tour guide told us that there are only about 80 dugongs left here. He also told us the origins of the dugongs: Once there was a family that lived close to the Mahakam, a couple with two children, a boy and a girl. However, this happy family was shaken when the mother became ill, and finally died.

bundar seperti manusia, dan **siripnya** tidak **lancip** seperti lumba-lumba. Dia hanya satu-dua kali naik ke permukaan, kemudian tenggelam lagi dan lenyap dari penglihatan. Kita semua terpesona dan **bersorak gembira**, sambil coba memotret.

Pemandu wisata kita cerita bahwa tinggal sekitar 80 ekor pesut di sini. Asal-usul pesut Mahakam juga **dikisahkannya**. Sekali waktu ada keluarga yang tinggal dekat Sungai Mahakam, suami isteri dengan dua anak, putera dan puteri. Namun keluarga yang bahagia **digoncang** ketika sang ibu menjadi sakit, dan akhirnya meninggal.

Her family grieved for her greatly. Her husband's spirit was broken, and he did not want to work anymore, instead staying inside the house all day. Then one day, there was a traditional celebration in their village, with singers and dancers to liven up the atmosphere. One of the dancers who was still young and beautiful managed to soothe the father's sorrow. He fell in love with her and finally married her.

At first the dancer was a good stepmother. But as time went by she began to treat the children cruelly, such as only giving them a little food and often asking them to gather ironwood and meranti wood in the forest. One day, they could not find anything in the jungle and were too scared to go home. They spent the night there, in great hunger. The next day, they were helped by an old man who gave them food. Finally, they had the strength to return home. But when they arrived, there was nobody there.

Confused, the children asked the neighbors. Some said their parents had, in fact, gone off to look for the children. The children returned to the forest to look for their father and stepmother. Finally, after several days, the children found a small hut which appeared to be inhabited by their parents. Their father's clothing was hanging on a chair. A bowl of porridge was still warm on the table. But their parents were not home. Suddenly, the children felt their bodies become hot, their heads round and their eyes smaller. Without knowing it, they were turning into dugongs! When their father came home and saw his children like that, he called his wife. But she had vanished. The children then threw themselves into the river to cool off, and from then on became dugongs of the Mahakam.

We were not able to see the dugongs again that day, and the next day we returned to Samarinda before leaving for home. We did not forget to stop by the longest wooden bridge in the world, a source of local pride.

There are two messages for us from the dugongs of the Mahakam. First, the story of their origin is a warning for parents who marry again to take good care of the children they already have. The second message is that we have to be wiser in our dealings with nature so that we can look after the biological diversity of Indonesia's flora and fauna. That is what makes us unique.

The next blog post, God willing, I will write on my next journey. Don't forget to add your comments and like this post!

❖ ❖ ❖

Keluarganya sangat berduka. Suaminya jadi **patah semangat**, dan tidak mau lagi bekerja, hanya **mengurung diri** di rumah. Sampai suatu hari, ada pesta adat di kampung mereka, dengan penyanyi dan penari untuk **memeriahkan** suasana. Salah satu penari yang masih muda dan cantik berhasil mengobati rasa sedih ayah itu. Dia pun jatuh cinta dan akhirnya menikahi penari itu.

Awalnya si penari menjadi **ibu tiri** yang baik. Tetapi **lama-kelamaan** dia mulai memperlakukan anak-anak dengan kejam, seperti hanya memberi sedikit makanan, dan sering menyuruh mereka mencari kayu ulin dan meranti di hutan. Sekali waktu, mereka tidak berhasil mendapatkan apa-apa di hutan, sehingga takut pulang. Mereka pun bermalam di sana dengan keadaan sangat lapar. Esok harinya mereka dibantu oleh seorang kakek yang memberikannya makanan. Akhirnya mereka kuat pulang ke rumah. Tetapi saat tiba di rumah, ternyata sudah tidak ada orang.

Bingung, anak-anak bertanya-tanya kepada tetangga. Ada yang mengatakan, orang tuanya **justru** pergi mencari anak-anak. Anak-anak kembali ke hutan untuk mencari ayah dan ibu tirinya. Akhirnya, setelah beberapa hari, anak-anak menemukan **pondok** kecil yang kelihatannya sudah **dihuni** orang tuanya. Baju ayahnya kelihatan menggantung di kursi. **Semangkuk** bubur masih hangat di meja. Tapi orang tuanya belum pulang. Tiba-tiba anak-anak merasa badannya menjadi panas, kepalanya **bundar**, dan matanya mengecil. Tanpa sadar mereka sudah **menjelma** jadi pesut! Saat ayahnya pulang dan melihat anak-anaknya begitu, dia panggil isterinya. Tapi isterinya itu sudah menghilang. Anak-anak pun **menceburkan** diri ke dalam sungai supaya sejuk, dan untuk **seterusnya** menjadi pesut Mahakam.

Kami tidak sempat melihat pesut lagi hari itu, dan esok harinya kami sudah kembali ke Samarinda untuk pulang. Tidak lupa mampir ke jembatan kayu ulin terpanjang di dunia, yang jadi kebanggaan orang setempat.

Ada dua pesan bagi kita dari pesut Mahakam. Pertama-tama, kisah asal-usulnya menjadi peringatan bagi orang tua yang mau menikah lagi, untuk **mengurus** anak yang ada baik-baik. Pesan kedua adalah bahwa kita harus lebih **bijak** dalam mengurus alam, supaya memelihara **keanekaan hayati** fauna dan flora Indonesia. Itulah yang membuat kita unik.

Blog pos berikutnya, **insya Allah**, akan saya tulis di perjalanan berikutnya. Jangan lupa tambah komentar dan menyukai blog pos ini!

❖ ❖ ❖

Discussion Questions

1. What are the main rivers in the three areas mentioned in the story where dugongs are found?
2. Has development along the Mahakam River affected the dugongs' habitat? In what way?
3. What are the features of a blog text? As you read the text, check to see if your ideas are correct.

Cultural Notes

1. Dugongs are found across Southeast Asia, from the waters off Queensland in Australia to Cambodia, where their numbers are actually increasing. They are also called Irrawaddy dolphins as they are found in the Irrawaddy River in Myanmar.

2. They are now greatly endangered by human activity and their habitat has shrunk enormously. Other Indonesian animals at risk of extinction are the Javan rhinoceros, Sumatran tiger and, to a lesser extent, orangutans (literally meaning "man of the forest," **orang hutan**).

3. While it is not often discussed openly, it is common for Indonesians to remarry after losing a spouse or after a divorce. The words for widow (**janda**) and widower (**duda**) are also used for divorcees. This is often for the sake of the children, who ideally need two parents to care for them, an ironic situation in the case of the son and daughter in this story.

4. This traditional story is told from the point of view of a travel blogger. The local travel industry is starting to boom in Indonesia as the middle class grows and more Indonesians can afford to go on holidays around the archipelago, if not abroad. Travel blogs, travel programmes on television and also social media have fuelled this industry.

5. Currently, there are nine key destinations that the government is promoting for development as tourist destinations. Of these, two features in this book—Mandalika in Lombok, and Morotai, part of Halmahera in the North Moluccas.

Key Words

mengintip   to peek (at)
pesut   dugong, Irrawaddy dolphin
WITA (Waktu Indonesia Tengah)   Central Indonesian Time (in Kalimantan, Bali, Lombok)

menginjak   to step on
was-was   nervous, uneasy
bercita-cita   to have a dream, dream of

Kaltim (Kalimantan Timur)
East Kalimantan province
muara mouth, estuary
ibukota capital city
menelusuri to follow (a trail)
hulu upstream
hiasan decoration
terbenam buried, set
cagar alam conservation zone,
  conservation reserve
mengamati to watch carefully,
  take note of
ketinting boat with motor,
  commonly used as river transport
tumpangi, menumpangi to ride on
sirip fin
lancip pointy, sharp
bersorak gembira to shout with joy
pemandu wisata tour guide
dikisahkan to be told a story
  (**mengisahkan** = to tell a story)
digoncang shaken (**menggoncang**
  = to shake)

patah semangat to lose heart,
  be broken-spirited
mengurung diri to stay inside,
  lock yourself in
memeriahkan to liven up, make fun,
  entertain
ibu tiri stepmother
lama-kelamaan over time, as time
  went by
justru in fact, in point of fact
pondok hut
dihuni to be inhabited (**menghuni** –
  to inhabit)
semangkuk a bowl
bundar round
menjelma to turn into, become
menceburkan to throw into (water)
seterusnya from then on
mengurus to look after, take care of
bijak wise
keanekaan hayati biological diversity
insya Allah God willing (said by
  Muslims, from the Arabic)

Comprehension Questions / Pertanyaan-pertanyaan

1. What has the writer long dreamed of doing?
   Penulis sudah lama bercita-cita melakukan apa?

2. Why are the dugongs of the Mahakam so rarely sighted?
   Mengapa pesut Mahakam sudah jarang terlihat?

3. How did the happy family change?
   Bagaimana keluarga yang bahagia itu berubah?

4. How did the children know that the little hut was their parents' new home?
   Bagaimana anak-anak tahu, pondok itu menjadi rumah baru orang tuanya?

5. What topic does the writer like posting about on his blog page?
   Penulis suka menulis pos blog tentang topik apa?

My Experience Meeting the Queen of the South Seas

The story of Nyi Roro Kidul (or Nyai Roro Kidul) is one of Indonesia's most famous legends, especially in Java. There are several versions of the story, among both the Sundanese people of West Java and the Javanese of Central Java. Nyi Roro Kidul is believed to live in the southern ocean, have a special relationship with the Sultan of Jogjakarta, and take visitors to the south coast who wear green. The following interview imagines meeting Nyi Roro Kidul herself, and shows how questions can draw out complete answers, full of information.

MY EXPERIENCE MEETING THE QUEEN OF THE SOUTH SEAS
by our correspondent in Pelabuhan Ratu

Some time ago, while staying at the Samudera Beach Hotel in Pelabuhan Ratu, I was given a room on the third floor. One night, I went to sleep early as I didn't feel well. When I awoke during the night, with a feeling that something was out of my control, I left my room and went and knocked on the door of room 308.

After waiting for some time, the door was opened and I was invited inside by an aristocratic woman with a powerful personality. Whether it was a dream or it did, in fact, happen, this is the transcript of my interview with Nyi Roro Kidul.

Your Majesty, where do you originally come from?
Some say that I am the daughter of the Sundanese goddess Mutiara and King Munding Wangi. Others say I am the eldest child of the King of Galuh and Queen Ayu. Whatever the case, my parents were leaders. They say my father's second wife, who gave birth to a son, was jealous and wanted her child to ascend to the throne, not me.

For that reason, his second wife cursed me so that my skin became ugly and blistered. My father was ashamed, and was finally convinced by his wife to banish me to the southern sea.

Nyi Roro Kidul

Cerita Nyi Roro Kidul adalah salah satu legenda paling terkenal di Indonesia, khususnya di pulau Jawa. Adapun beberapa versi legenda tersebut, baik di tanah Sunda atau Jawa Barat, maupun di Jawa Tengah. Nyi Roro Kidul dipercayai hidup di laut selatan, memiliki hubungan khusus dengan Sultan Yogyakarta, dan akan mengambil pengunjung ke pantai yang memakai baju warna hijau. Wawancara berikut membayangkan bagaimana bila bertemu dengan Nyi Roro Kidul sendiri, dan memperlihatkan bagaimana pertanyaan bisa memancing jawaban yang lengkap dan **sarat** *informasi.*

PENGALAMANKU BERTEMU DENGAN PUTRI PANTAI SELATAN
oleh koresponden kita di Pelabuhan Ratu

Beberapa waktu lalu, saat menginap di Hotel Samudera Beach di kota Pelabuhan Ratu, saya kebagian kamar di lantai tiga. Suatu malam, saya tidur cepat setelah merasa pusing. Saat terbangun tengah malam, dengan perasaan di luar kendali, saya keluar kamar dan **mendatangi** pintu kamar 308 lalu mengetuknya.

Sesudah lama menunggu, pintu dibuka dan saya dipersilakan masuk oleh seorang perempuan bangsawan yang sangat **memesona**. **Entah** semua memang mimpi atau benar-benar terjadi, inilah naskah wawancara saya dengan Nyi Roro Kidul.

Kanjeng Ratu, asal-usulnya dari mana?
Ada yang menyebutkan saya adalah anak dari Dewi Mutiara dan Raja Munding Wangi. Adapun mengatakan saya anak pertama Raja Galuh dan Ratu Ayu. Yang jelas, orang tua saya adalah pemimpin negeri. Katanya isteri kedua ayah saya, yang melahirkan anak lelaki, cemburu dan ingin agar putranya dialah yang **naik takhta**, bukan saya.

Oleh karena itu, isteri kedua mengutuk saya sehingga kulit saya menjadi kudisan dan jelek. Ayah saya malu, jadi berhasil dibujuk isterinya menyingkirkan saya ke laut selatan.

So, Your Majesty, you now reside in the sea?
Yes, I control the Indonesian Ocean, or as they say overseas, the Indian Ocean. But, in fact, the water has cured my affliction, so that my skin is now clear and beautiful again.

Why is Your Majesty here in room 308 at the Samudera Beach Hotel in Pelabuhan Ratu?
This room was specifically provided for me. Indonesia's first leader, President Sukarno, showed me great respect and believed completely in the stories about me. One of the forms of respect that he showed me was to offer this room in the hotel by the sea near where I had been exiled several centuries ago, at Pelabuhan Ratu. Indeed, the name Pelabuhan Ratu, or Queen's Port, shows that I am an important figure in this part of the world.

Jadi, Kanjeng Ratu, sekarang tinggal di laut?
Ya, saya menguasai Samudera Indonesia, atau seperti disebut di luar negeri, Samudera Hindia. Tapi justru di dalam laut, penyakit saya jadi sembuh, dan kulit saya kembali bersih dan **menawan**.

Mengapa Kanjeng Ratu sekarang berada di kamar 308 di Hotel Samudera Beach, Pelabuhan Ratu?
Kamar ini sengaja dibangun dan **diperuntukkan** bagi saya. Pemimpin negeri Indonesia yang perdana, Ir Soekarno, sangat menghormati saya dan percaya penuh pada cerita tentang diri saya. Salah satu bentuk penghormatan beliau adalah dengan menawarkan kamar dalam hotel pinggir laut dekat tempat saya dibuang beberapa abad yang lalu, di Pelabuhan Ratu. Memang nama Pelabuhan Ratu saja menunjukkan bahwa saya adalah tokoh penting di daerah ini.

Why do you dislike other people wearing the color green?

Green is my favorite color. However, if there is someone swimming at the beach, I recommend they do not wear green-colored clothing, for other reasons. The sea water here is very cold, there are lots of strong currents, and the water is generally green in color. So people wearing green will be difficult to find if they are swept away in the sea.

People say that you have a husband, Your Highness. What is your relationship with the Sultan of Jogjakarta?

Who would want to live with me under the sea? The cold, murky water is not a pleasant environment for humans.

However, I am very fortunate to have a special relationship with the Sultan of Jogjakarta. It all began in the era of Prince Senopati, several centuries ago. At that time, he was looking for support for his new kingdom of Mataram. He approached not only me but also Sunan Kalijaga, one of the Nine Holy Men of Islam, for help.

We made an agreement. In return for my prayers and support, he would pay his respects and give offerings on the southern coast, and visit me regularly on the beach. This tradition has been passed down to his descendants, and continues until today.

Now, let's discuss the current Sultan, Hamengkubuwono X. He has only daughters. What will happen to the Sultan's status of husband if he is succeeded by one of his daughters?

That is a good question. Personally, I have no objection, and in fact I strongly support the idea of a sultana, or female sultan, on the throne. Our country needs strong women leaders. If at some point in the future a female sultan comes to the south coast to give offerings, I will not refuse her. I will be proud to continue the cooperation I have had with the Sultanate of Jogjakarta up until now, although it would be together as a friend, not a husband.

Mengapa tidak menyukai orang lain memakai warna hijau?

Warna hijau adalah warna kesukaan saya. Namun apabila ada yang mandi di pantai, saya sarankan jangan pakai pakaian berwarna hijau karena alasan lain. Air laut di sana sangat dingin, banyak arus yang kuat, dan umumnya berwarna hijau. Jadi orang yang memakai warna hijau akan sulit ditemukan kalau terhanyut ke laut.

Kata orang, Kanjeng Ratu memiliki suami. Bagaimana hubungannya dengan Sultan Yogyakarta?

Siapakah yang ingin mendampingi saya di bawah laut? Di dalam air yang dingin dan keruh bukan lingkungan yang enak bagi manusia.

Namun, saya sangat beruntung, memiliki hubungan istimewa dengan Sultan Yogyakarta. Semua mulai sejak zamannya **Panembahan** Senopati, beberapa abad yang lalu. Saat itu **beliau** sedang mencari dukungan bagi kerajaan Mataram yang baru dibentuknya. Bukan hanya diri saya, tetapi juga Sunan Kalijaga sebagai wakil agama Islam yang waktu itu masih baru, didatangi oleh beliau.

Kami berdua membuat kesepakatan. Sebagai imbalan bagi doa dan dukungan saya, dia akan memberi penyembahan dan sesaji di pantai selatan, lalu secara teratur mengunjungi saya di pantai. Secara turun-temurun, tradisi ini dilanjutkan oleh keturunannya, sampai sekarang.

Sekarang, kita bahas soal Sultan yang sekarang, yaitu Hamengkubuwono X. Putranya beliau perempuan semua. Bagaimana nanti dengan status beliau sebagai suami, kalau digantikan oleh seorang perempuan?

Itu pertanyaan yang bagus. Secara pribadi, saya tidak keberatan, malah sangat mendukung seorang sultana atau sultan perempuan naik takhta. Negara kita membutuhkan pemimpin wanita yang kuat. Kalau pun suatu saat nanti datanglah seorang sultana ke pantai selatan bagi memberi sesaji, tidak akan saya tolak. Saya akan bangga meneruskan kerjasama dengan kesultanan Yogyakarta selama ini, walaupun dengan seorang kawan, bukan seorang suami.

Discussion Questions

1. Why do monarchies tend to be patriarchal, preferring males to inherit the throne rather than females?
2. What is a practical reason for banning the use of a certain color?
3. What place is there for monarchies in a modern, democratic world?

Cultural Notes

1. This interview demonstrates the language used by royalty, and when addressing royalty or other persons of high status. The interviewer does not use "you" (**anda** or **kamu**) when addressing the queen, but instead **Kanjeng Ratu**, a royal form of address (or register) to show great respect. It is common in Indonesian to use names or titles in place of the second person singular for this purpose.

2. Another notable example is the use of **beliau** to refer to Panembahan Senopati, instead of **dia** (he/him). Nyi Roro Kidul herself uses **saya** (not the more intimate **aku**) to refer to herself, but many royal figures would use **kami** (we, exclusive of the listener), in much the same way the "royal we" is used in English.

3. Another example of using a register showing great respect is **putra** for **anak**, when referring to someone else's child. **Putra** is literally "son," but can also be used for daughters (sometimes **putri**), or children in general. **Putra** is never used to refer to one's own children.

4. This kind of respectful register is a key part of the Javanese and Sundanese languages, where there is a separate bank of vocabulary to refer to those of higher status, and other words relating to oneself. Different vocabulary is also used in everyday situations.

Key Words

sarat   full of
mendatangi   to approach, come to someone
memesona   attractive, engaging
entah (..., entah....)   whether (..., or ....)
Kanjeng   Javanese form of address to royalty
-pun   also (formal construction)
naik takhta   to ascend to the throne
menawan   strong, powerful, attractive
memperuntukkan   to provide something for someone
arus   current
Panembahan   Prince, Lord (archaic Javanese title)
beliau   he, she (respectful form of **dia**)
putra   child, son (respectful form of **anak**)

Comprehension Questions / Pertanyaan-pertanyaan

1. Who is Nyi Roro Kidul supposedly the daughter of?
   Nyi Roro Kidul disebut anak dari Raja Galuh dan siapa?

2. Why did Nyi Roro Kidul's stepmother want to banish her stepdaughter?
   Mengapa ibu tirinya Nyi Roro Kidul ingin mengasingkannya?

3. Which town has a connection with the queen of the south sea?
   Kota mana yang ada kaitan dengan ratu pantai selatan ini?

4. What is the practical reason given behind the ban on wearing green clothing on southern beaches?
   Apa alasan praktis di belakang larangan atas memakai warna hijau di pantai selatan?

5. In the future, how will Nyi Roro Kidul's relationship with the Sultanate of Jogjakarta probably change?
   Ke depan, bagaimana hubungan Nyi Roro Kidul dengan Kesultanan Yogyakarta bakal berubah?

The Origins of Papua's Bird of Paradise

The bird of paradise is synonymous with the land of Papua. This already rare animal is one of a number of eastern Indonesian fauna endemic to the area and not widely found elsewhere. There are even several animals such as the cassowary and tree kangaroo that are only found in Papua and Australia, not on other islands in Indonesia. The environment and climate in eastern Indonesia indeed differ on both sides of the Wallace Line. To the west of this line (Bali and other islands to the west), wildlife resembles that of the southeast Asian mainland, while east of the line (Lombok and other islands to the east), flora and fauna resembling that of Australia are found. Below is a magazine article explaining the origins of the bird of paradise, according to Papuan beliefs.

THE ORIGINS OF PAPUA'S BIRD OF PARADISE
by our reporter in Sorong

Who hasn't heard of the bird of paradise? While tigers are identified with Sumatra, elephants with Lampung and komodo dragons with the Lesser Sunda islands, it is the bird of paradise that reminds Indonesians of the land far to the east, the provinces of Papua and West Papua. The bird of paradise unites the very diverse peoples of Papua.

According to local wisdom, where did the bird of paradise come from? People from the area say that everything began a long time ago with an old lady who was in the forest and was very hungry....

The old lady had not eaten for several days. She walked and walked in the jungle looking for drinking water and food. Finally, feeling dizzy with hunger and beginning to lose hope, she saw a pandanus tree and ate the red fruit growing in its center. This red fruit is a uniquely Papuan food, and modern medicine recognizes its benefits as it is rich in beta carotene.

It turned out that the old lady found the red fruit very filling and she began to eat it often. However, she was shocked several months later when her stomach started to grow bigger and she realized she was pregnant. Nowadays, a grandmother in other countries can undergo IVF treatment to get pregnant. But this old lady was able to give birth to a healthy baby boy, whom she named Kweiya.

Asal-Usul Burung Cendrawasih

Burung cendrawasih identik dengan tanah Papua. Hewan yang sudah langka ini termasuk beberapa fauna di Indonesia bagian timur yang khas dan tidak ditemukan secara luas di tempat lain. Bahkan ada beberapa binatang seperti kasuari dan kangguru pohon hanya ditemukan di Papua dan Australia, bukan di pulau lain di Indonesia. Memang lingkungan dan iklim di kawasan timur Indonesia berbeda, tergantung di sebelah mana garis Wallace. Di bagian barat garis ini (Bali dan pulau lain di sebelah barat) dunia alam lebih seperti di benua Asia, sedangkan di bagian timur (Lombok dan pulau lain di sebelah timur) ditemukan flora dan fauna yang lebih mirip yang di Australia. Di bawah terdapat sebuah artikel majalah yang menjelaskan asal-usul burung cendrawasih, menurut kepercayaan Papua.

ASAL-USUL BURUNG CENDRAWASIH

oleh wartawan kita di Sorong

Siapa yang tidak kenal burung **cendrawasih**? Bila harimau identik dengan Sumatera, gajah dengan Lampung, dan komodo dengan Nusa Tenggara Timur, burung cendrawasih lah yang langsung membuat orang Indonesia ingat ke tanah jauh di timur, yaitu Propinsi Papua dan Papua Barat. Burung cendrawasih mempersatukan rakyat Papua yang sangat **beragam**.

Tetapi menurut **kearifan** lokal, dari mana asalnya burung cendrawasih? Kata orang setempat, semua bermula zaman dahulu kala dengan seorang nenek tua yang kelaparan di hutan....

Nenek tua ini sudah beberapa hari tidak makan. Dia berjalan terus di hutan sambil mencari air minum dari sungai dan makanan. Akhirnya, karena sudah pusing dan mulai **putus asa**, dia melihat pohon pandan dan memakan buah merah yang tumbuh di tengah tanaman tersebut. Memang buah merah merupakan makanan khas Papua, dan kedokteran modern sudah mengetahui **khasiatnya** karena kaya akan **zat** betakaroten.

Ternyata buah merah membuat nenek tua kenyang, dan dia mulai sering makan buah itu. Akan tetapi, betapa terkejutnya beberapa bulan kemudian saat perutnya membesar, dan dia sadar bahwa dia sudah hamil. Saat ini, di luar negeri seorang nenek harus menjalani **terapi bayi tabung** bila ingin hamil. Namun nenek ini dengan selamat melahirkan anak laki-laki yang sehat, yang dia namakan Kweiya.

Kweiya and his mother lived peacefully deep in the forest, and he grew into a big, strong lad. Despite his strength, he still found it difficult to cut wood and plants for their everyday needs with a stone ax. Before the modern era, Papuan societies lived for a very long time untouched by the outside world, much as in the Stone Age. One day, a man saw Kweiya's difficulty in cutting down a tree and came to help him. The man was carrying an iron ax, which was far sharper and more effective than Kweiya's stone ax.

As a good, polite child, Kweiya invited the man back home to eat as an expression of his gratitude. It turned out the man was happy to meet Kweiya's mother and felt comfortable with her. Finally, he became her husband. Kweiya's mother became pregnant again, this time giving birth to twin boys.

Kweiya dan ibunya hidup dengan tenang di hutan sana, sampai Kweiya menjadi seorang anak yang besar dan kuat. Namun, walaupun kuat, dia masih kesulitan memotong kayu dan tanaman untuk keperluan sehari-hari dengan **kapak** batu. Memang sebelum zaman modern, masyarakat di Papua lama sekali hidup tidak **tersentuh** dari luar, persis seperti di Zaman Batu dulu. Suatu hari, ada seorang bapak yang melihat Kweiya kesulitan memotong pohon, dan datang menolongnya. Bapak ini membawa kapak besi, yang jauh lebih tajam dan efektif daripada kapak batu milik Kweiya.

Sebagai anak yang baik dan sopan, Kweiya mengajak sang bapak ke rumah untuk makan sebagai tanda terima kasih. Ternyata bapak itu senang bertemu ibunya Kweiya dan merasa cocok dengan beliau. Akhirnya dia menjadi suaminya. Ibunya Kweiya hamil lagi, dan kali ini melahirkan anak **kembar** yang laki-laki.

However, as time passed, the twins became very jealous of Kweiya. They believed their mother loved him more than them and their younger sister. Such feelings often arise in families with many children.

Papuan people say that the twins began to tease Kweiya and bully him. However Kweiya, as the eldest, took no notice and continued to help his mother with everyday tasks, while the twins just played with their little sister.

One day, the twins would not stop bothering Kweiya, to the point that he ran into the forest. He took some bark from a tree and began to spin it into thread. The thread seemed to be growing from his armpit. The twins could only watch, their mouths wide open in astonishment. Kweiya wove the yarn into a kind of wing, like a bird's wing. When he was finished making two wings, he put them on and flew up into a tree, making a "tweet tweet tweet" sound!

Naturally, the twins were frightened and called out for their mother. As soon as she saw what had happened, she called, "Kweiya! Kweiya!" But Kweiya only answered, "Ek ek ek ek," just like a bird. As his mother loved Kweiya dearly, she also took some bark from a tree and started to spin it into yarn, just as Kweiya had done. When the wings were finished, his mother followed Kweiya and flew up into the tree.

The children, who were left behind, and their father were very sad at losing not only Kweiya but also their mother and wife. One version of this story claims that the children started to blame each other and throw ash from the kitchen in each other's faces. Finally, their bodies became dirty, like crows, while Kweiya and his mother had become beautiful birds of paradise, with lovely yellow, brown and black feathers.

Although this traditional tale may be hard to believe in factual terms, it reflects the love of a mother for her ill-treated son, and the close relationship of Papuan societies with nature. It also shows how beautiful and pure the bird of paradise is, compared with the greedy, dirty and ugly crow, symbolizing the respective personalities and behavior of Kweiya and his twin brothers.

Akan tetapi, dengan berlalunya waktu, dua kembarnya itu merasa sangat **cemburu** pada Kweiya. Menurut mereka, ibunya lebih sayang pada Kweiya daripada si kembar atau adiknya yang perempuan. Perasaan seperti itu memang sering muncul di antara keluarga yang mempunyai banyak anak.

Menurut masyarakat Papua, kedua anak kembar itu mulai **mengejek** Kweiya dan **merundungnya**. Namun Kweiya, sebagai anak sulung, tidak peduli dan tetap membantu ibunya dengan pekerjaan sehari-harinya, sedangkan si kembar hanya bermain saja dengan adiknya.

Suatu hari, kedua anak itu mengganggu Kweiya terus, sehingga Kweiya lari ke hutan. Dia mengambil kulit pohon dan mulai **memintal** kulitnya menjadi tali. Talinya seolah-olah tumbuh dari **ketiaknya**. Si kembar hanya melihat saja dengan mulut **ternganga**. Kweiya menggunakan tali itu untuk **merajut** sayap, seperti sayap burung. Ketika selesai, dia pun mengenakan kedua sayap dan terbang ke atas pohon, sambil berbunyi, "Kwek kwek kwek!"

Tentu saja si kembar ketakutan dan memanggil ibu mereka. Begitu ibunya melihat apa yang terjadi, dia panggil, "Kweiya! Kweiya!" Tapi Kweiya hanya menjawab, "Ek ek ek ek," saja, seperti burung. Oleh karena ibunya sangat sayang pada Kweiya, dia pun mengambil kulit pohon dan memintalnya menjadi tali, seperti telah dilakukan oleh Kweiya. Ketika sayapnya selesai, ibunya pun menyusul Kweiya dan terbang ke atas pohon.

Anak-anak yang tersisa bersama ayahnya sangat sedih akan kehilangannya bukan hanya Kweiya tetapi juga ibu dan isterinya. Menurut sebuah sumber, anak-anak mulai saling menyalahkan dan melempar **abu** dapur ke muka masing-masing. Akhirnya badan mereka jadi kotor, seperti burung gagak, sedangkan Kweiya dan ibunya telah menjadi burung cendrawasih, yang **amat** cantik dan indah **dipandang** dengan bulunya yang kuning, cokelat dan hitam.

Walaupun cerita rakyat ini mungkin sulit dipercaya sebagai fakta, kisahnya mencerminkan rasa kasih sayang seorang ibu kepada anak yang **dianiaya**, serta **eratnya** hubungan masyarakat Papua dengan **alam**. Digambarkan pula **betapa** indah dan suci burung cendrawasih dibandingkan burung gagak yang **rakus**, kotor dan tidak enak dipandang, melambangkan **kepribadian** dan **tingkah laku** masing-masing Kweiya dan adiknya yang kembar.

Discussion Questions

1. Can you think of other animals that are associated with a particular part of the world? Why?
2. What are the advantages of blended families (where a parent has remarried)? What are possible challenges?
3. What are the special features of a magazine article? List these, then check them off as you read.

Cultural Notes

1. West Papua, formerly known as the province of Irian Jaya, is the western half of one of the largest islands in the world. The eastern half is occupied by Papua New Guinea. Papua is extremely mountainous, which has affected its social structure and development.

2. Due to difficult access between communities, there are over 700 distinct languages and cultures in the region. Despite becoming part of Indonesia in 1963, and also hosting one of the world's largest copper and gold mines at Freeport, Papuan society in many ways is still traditional, reflecting the huge steps people have had to take to compete with the modern, outside world. This is symbolized by Kweiya's difficulty in using his stone ax, and how life is easier when the man introduces a metal implement.

3. Much of Papua is still jungle, although this is declining due to clear-felling and the replacement of rainforest with palm oil plantations. These are affecting the habitat of the bird of paradise, which is mainly found in the regions of Sorong and Fakfak. Hunters also shoot birds and sell their stuffed bodies for souvenirs. However, many Papuan societies believe the forest inhabitants are like family and care for them accordingly. Promoting this traditional view of living at one with nature will hopefully ensure the bird of paradise's future.

Key Words

cendrawasih   bird of paradise

beragam   variety, diverse

kearifan   wisdom

putus asa   to lose hope, give up

khasiat   benefit, special property

zat   vitamin, element, essence

terapi bayi tabung   IVF (lit. "test-tube baby therapy")

kapak   ax

tersentuh   touched

mengucapkan   to express something

kembar   twins

cemburu   jealous

merundung   to bully

mengéjék   to tease, bully

memintal   to spin (thread)

ketiak   armpit

ternganga   yawning wide open

merajut   to knit, crochet

abu   ash

amat   very, greatly

dipandang   to be viewed (memandang = to view)

dianiaya   to be mistreated, abused (menganiaya = to mistreat, abuse)

erat   close, tight

alam   nature, the natural world

betapa   how, to what extent

rakus   greedy

kepribadian   personality

tingkah laku   behavior

Comprehension Questions / Pertanyaan-pertanyaan

1. Name two animals found in eastern Indonesia and two found in western Indonesia.
   Sebutkan dua hewan khas Indonesia timur dan dua hewan khas Indonesia barat.

2. How did the old lady become pregnant with Kweiya?
   Bagaimana nenek itu menjadi hamil dengan Kweiya?

3. Eventually, how many people were there in the family? Who were they?
   Akhirnya, ada berapa orang di keluarga itu? Sebutkan siapa saja.

4. How did Kweiya deal with his twin brothers' bullying attitude?
   Bagaimana Kweiya menanggapi sikap adik kembarnya yang suka mengejek?

5. What conclusions can you draw from this story about relationships within a family?
   Kesimpulan apa yang bisa diambil dari cerita ini, tentang hubungan dalam keluarga?

Kebo Iwa: Giant or Vice-Regent?

Kebo Iwo is a legendary figure on the island of Bali. However, there are several versions of his story, which all differ from each other. The legend of Kebo Iwa tells of a giant who terrorized his village to the point that the villagers decided to fight back. The story ends with the creation of Lake Batur and Mount Batur. From a historical point of view, Kebo Iwa was the Vice-Regent of the Kingdom of Bedahulu, who was sent to Java to meet the King of Majapahit but was killed there. Here, a speech from the village head recounts the legend.

Respected residents of Blahbatuh Village,
Om Swasiastu. Good evening. You perhaps already know why we are gathered here tonight. In short, our village is threatened. Threatened by someone who in the past has been a friend but who has now become a foe. You already know that I mean Kebo Iwa.

Many of us still remember, don't we, several years ago when Kebo Iwa was our friend. Yes, Kebo Iwa is a giant. But in the past that was very useful for us ordinary human beings. He greatly assisted us because he was willing to carry heavy stones, fix roofs on houses and dig wells. As a result of his help, our temples, our places of worship, were built to be strong and sturdy. All his assistance greatly helped the development of our village.

However, as you also know, Kebo Iwa was not paid in money but with food. At first we were able to provide food for a giant. Every day he asks for several bowls of rice. Nor does he forget to ask for a buffalo, or even more than one if he was very hungry. In years when the harvests were good, we could provide Kebo Iwa with food. But recently, our land has been struck by a long, ongoing drought. Our irrigation systems have started to dry up. Rice and other crops are failing, or their harvests are very small. We don't even have enough food to feed ourselves, let alone Kebo Iwa.

However, Kebo Iwa does not seem to understand our problem. He still keeps on asking for the same amount of food as before, and complains if he doesn't get it. Now, we as a society are beginning to feel afraid of him and to avoid him, because Kebo Iwa is aggressive and angry when he is hungry.

Kebo Iwa: Raksasa Atau Patih?

Kebo Iwo jadi tokoh legendaris di Pulau Bali. Namun ada beberapa cerita tentang Kebo Iwa, yang cukup berbeda. Dalam legenda, Kebo Iwa sebagai raksasa yang meneror desa sehingga rakyat desa memutuskan untuk melawan. Cerita itu berakhir dengan terciptanya Danau Batur dan Gunung Batur. Dari segi catatan sejarah, Kebo Iwa adalah patih Kerajaan Bedahulu yang diutus ke Jawa guna bertemu Raja Majapahit, namun dibunuh. Di sini, pidato dari kepala desa menceritakan legenda.

Para penduduk Desa Blahbatuh yang saya hormati,
Om Swasiastu. Selamat malam. Malam ini **kalian** semua barangkali sudah tahu, mengapa kita berkumpul di sini. Secara singkat, desa kita terancam. **Terancam** oleh seseorang yang selama ini menjadi kawan, tetapi sekarang sudah berubah menjadi lawan. Kalian sudah tahu, maksud saya itu Kebo Iwa.

Banyak di antara kita yang masih ingat, **'kan**, beberapa tahun yang lalu ketika Kebo Iwa menjadi teman kita. Memang Kebo Iwa seorang raksasa. Tetapi itu dulu sangat berguna bagi kami yang manusia biasa. Kita sangat terbantu oleh dia, karena dia bersedia mengangkat batu yang berat, memasang atap pada atas rumah, dan menggali **sumur**. **Pura**, tempat ibadahnya kita, dibangun supaya kuat dan kokoh, **berkat** bantuannya. Semua bantuan itu sangat membantu perkembangan desa kita ini.

Namun, **sebagaimana** kalian juga tahu, Kebo Iwa dibayar tidak dengan uang, tetapi dengan makanan. Awalnya kita sanggup untuk memberi makan kepada seorang raksasa. Setiap hari dia minta beberapa **bakul** nasi. Tidak lupa juga minta seekor kerbau, atau lebih banyak bila dia sangat lapar. Dalam tahun-tahun yang **panennya** baik, kita bisa memberikan Kebo Iwa makanan. Tetapi belakangan ini, tanah kita **dilanda** musim kemarau yang berkepanjangan. **Subak** sudah mulai kering. Beras dan banyak hasil bumi lainnya gagal atau hasil panennya sangat sedikit. **Jangankan** untuk Kebo Iwa, untuk kita sendiri kadang-kadang makanannya tidak cukup.

Akan tetapi, Kebo Iwa sepertinya tidak mengerti masalah kita itu. Dia tetap minta makanan sebanyak dulu, dan mengeluh bila tidak mendapatkannya. Sekarang kita sebagai rakyat sudah mulai merasa takut dan menghindarinya, karena Kebo Iwa menjadi galak dan marah akibat kelaparan.

It has come to the point that several leaders and traditional elders in this village agreed to have a meeting to decide how to resolve this problem. The time has come for us to announce our plans. Because of the ongoing drought, we need to dig several more wells. Tomorrow, we will ask Kebo Iwa for help to dig another well in the southeast of the village, on the mountain side. While he is busy digging the well, he will get very tired. We know this from his previous experience of digging wells in the village. So we are sure that Kebo Iwa will need to rest and that he will sleep inside the well.

Now, ladies and gentlemen, this is our chance! When Kebo Iwa has fallen asleep, we will take the rocks that he has already dug out of the well and throw them back in. Of course, he will finally realize what is happening, but if we are quick and together fill the well with stones, it will be blocked with limestone fragments before he knows it. When the water in the well starts to rise, it will combine with the limestone to make cement so that Kebo Iwa will be stuck in the well and won't bother us anymore!

Sampai beberapa pemimpin dan ketua adat di desa ini bersepakat untuk berunding, bagaimana desa kita bisa menyelesaikan masalah ini. Saatnya sudah tiba untuk mengumumkan rencana kita. Oleh karena kekeringan yang **berkepanjangan**, memang kita perlu beberapa sumur lagi. Besok, akan kita minta tolong kepada Kebo Iwa untuk **menggali** lagi sebuah sumur di daerah tenggara desa, ke arah gunung. Saat dia sedang menggali sumur, pasti dia akan menjadi capek sekali. Itu sudah kita tahu dari pengalaman membuat sumur-sumur yang sudah ada di desa. Jadi kita yakin bahwa Kebo Iwa akan harus istirahat dan tidur di dalam sumur.

Nah, bapak-bapak dan ibu-ibu, itulah kesempatan kita! Pada saat Kebo Iwa tertidur, akan kita ambil batu-batu yang sudah dikeluarkannya dari sumur, dan lempar kembali ke dalam. Tentu saja akhirnya dia akan sadar, tapi kalau kita cepat dan ramai-ramai mengisi sumur dengan batu, sumur akan **keburu** tertutup oleh batu kapur itu. Saat air di sumur mulai muncul, akan menyatu dengan **batu kapur** menjadi semen, sehingga Kebo Iwa tertahan di sumur dan tidak lagi akan mengganggu kita!

But I request, good villagers, that you are not to say anything about our plans to any outsiders, including visitors, children or anyone at all. We feel that this is the only chance we have to end this danger that is threatening our lives. We once used to love Kebo Iwa, but not anymore.

Now, are there any questions? If not, let us close this meeting with a prayer. *Om Shanti Shanti Shanti Om*. Good evening and thank you.

The Balinese believe that the villagers' plan succeeded, and that Kebo Iwa was buried in stones so that he could not get out of the well, and died. However, the well that he dug finally filled with water, which rose to the surface and flooded the surrounding village. The stones and rubble scattered around finally became Mount Batur, while the lake that was formed by the floodwaters became Lake Batur.

Another story about Kebo Iwa is that he was a man of great powers who succeeded in meeting many challenges and tests, until he was finally made the Vice-Regent of the Bedahulu kingdom. One day, the Vice-Regent of Majapahit, Gajah Mada, sent a letter to him, inviting him to Java for a friendly visit. It was said Kebo Iwa was to be married to the daughter of the King of Majapahit, to unite the islands of Indonesia. However, when Kebo Iwa finally reached Majapahit, it turned out that it was nothing more than a hoax and he was killed. This led to war between Majapahit and Bedahulu. Majapahit won and took over Bedahulu as a vassal state.

✣ ✣ ✣

Discussion Questions

1. Can you think of any legends explaining an "origin story" of a particular natural feature or phenomenon? (Hint: There are some in other stories in this book.)
2. What is the difference between a myth and a legend? Which might have some basis in historical fact?
3. What are the special features of speeches? Consider also the audience and purpose of a speech.

Cultural Notes

1. Bali is known as the Island of the Gods (**Pulau Dewata**) in Indonesian. It is a unique island because it is the only area in Indonesia with a majority Hindu population. This originated many centuries ago, when Islam came to Java and slowly pushed the old Hindu kingdoms to the east.

Tapi saya **pinta**, penduduk desa yang **budiman**, tidak boleh menceritakan apa-apa tentang rencana ini kepada orang luar, termasuk tamu, anak-anak, atau siapa pun. Kami rasa bahwa inilah satu-satunya **peluang** untuk menyingkirkan bahaya yang mengancam kehidupan kita. Memang dulu kita sayang Kebo Iwa, tapi sudah tidak lagi.

Sekarang, ada pertanyaan? Bila tidak, mari kita menutup acara ini dengan doa. **Om Shanti Shanti Shanti Om**. Selamat malam dan **matur suksma**.

Orang di Bali percaya bahwa rencana rakyat desa berhasil, dan Kebo Iwa **ditimbun** batu sehingga tidak bisa keluar sumur, lalu meninggal. Akan tetapi, sumur yang digalinya akhirnya berisi air, yang naik ke atas dan **meluap** hingga membanjiri desa itu. Sisa-sisa batu yang masih **tercecer** di keliling akhirnya menjadi Gunung Batur, sedangkan danau yang terbentuk dari air banjir menjadi Danau Batur.

Satu lagi cerita tentang Kebo Iwa adalah bahwa dia adalah orang sakti yang berhasil melalui beberapa tantangan dan ujian sampai akhirnya diangkat menjadi **Patih** di Kerajaan Bedahulu. Sekali waktu Patih Majapahit, yaitu Gajah Mada, mengirim surat kepadanya, mengundangnya ke Jawa dalam rangka persahabatan. Katanya Kebo Iwa mau dinikahkan dengan anak Raja Majapahit supaya Nusantara bisa dipersatukan. Namun akhirnya begitu sampai di Majapahit, ternyata penipuan **belaka**, dan Kebo Iwa dibunuh. Ini mengakibatkan perang di antara Majapahit dan Bedahulu. Majapahit menang sehingga menjajah Bedahulu.

2. Javanese who did not convert to Islam but remained Hindu fled across the Bali Strait to the next island, where they continued to practice their Hindu way of life in peace. Small remnants of Hindu communities still exist around Jogjakarta and also among the Tenggerese of Mount Bromo in East Java.

3. The Hinduism practiced in Bali is in many ways different from the Hindu religion in India. Where Indian Hindus worship a multitude of gods, the Balinese have reduced these to three: Wisnu (Vishnu), Brahma and Siwa (Shiva). This is more in line with the teachings of the Indonesian state philosophy Pancasila, the first tenet of which is "belief in one god."

4. A number of holidays celebrated in Bali, such as **Nyepi** (the Day of Silence), **Melasti** (a purifying ritual before New Year) and **Galungan** are not found in India. This makes Bali particularly fascinating as a snapshot of an older Southeast Asian form of Hinduism that has survived against the odds in a Muslim majority environment to the west, yet has also resisted Christianity, which dominates much of eastern Indonesia.

5. Aside from its unique cultural and religious identity, Bali is also famous for its natural features, such as Lake Bratan, Lake Batur, Mount Agung and Uluwatu. The story of Kebo Iwa the giant tells of the origins of Lake Batur, which is now one of the island's top tourist attractions, accessed from Kintamani. However, Bali is also increasingly well-known for man-made features such as the alternative lifestyle center of Ubud in the middle of the island, and the bars and nightclubs of Kuta and Legian in the south.

Key Words

raksasa giant

Om Swasiastu greeting on formal occasions in Bali, of Sanskrit/Hindu origin

kalian you (plural)

terancam threatened

'kan isn't it, don't you (question tag; short form of **bukan**)

sumur well, bore hole for water

pura Hindu temple on Bali (other Hindu temples are **kuil** or **candi**)

berkat thanks to, as a result of

sebagaimana as, in a way of

bakul basket of rice, large communal bowl

panen harvest

dilanda to be struck (**melanda** = to strike down)

subak irrigation system specific to Bali

jangankan never mind ..., not to mention, let alone

berkepanjangan drawn-out, overly long

menggali to dig

keburu (slang) too late (lit. "in a hurry")

batu kapur limestone, calcium

pinta (formal) request (**minta**, **meminta** = to ask)

budiman wise, good, kind

peluang opportunity, chance

Om Shanti Shanti Shanti Om closing on formal occasions in Bali, of Sanskrit/Hindu origin

matur suksma thank you (Balinese)

ditimbun to be covered by a heap (**menimbun** = to heap up, hoard)

meluap to overflow, flood

tercécér scattered (of objects)

patih Vice-Regent (powerful position in kingdoms past)

belaka purely, simply, nothing more than that

Comprehension Questions / Pertanyaan-pertanyaan

1. What was the relationship like initially between Kebo Iwa and the villagers?

   Bagaimana hubungan di antara Kebo Iwa dan penduduk desa, pada awalnya?

2. What happened to change that relationship?

   Kejadian apa yang mengubah hubungan itu?

3. Why was it important that the rocks were limestone, not sandstone or granite?

   Mengapa penting bahwa batunya batu kapur, bukan batu pasir atau granit?

4. Which natural phenomena appeared as a result of this legend?

   Fenomena alam apa yang muncul akibat legenda ini?

5. Why did Gajah Mada entice Kebo Iwa to come to Majapahit?

   Mengapa Gajah Mada memancing Kebo Iwa datang ke Majapahit?

The Origins of the Bali Strait

This is a summary of a legend about the formation of the Bali Strait, as known by the Balinese and their neighbors. Sidi Mantra, a Brahman who was known for being very wise, received a special gift from Sanghyang Widya, creator of the world. The gift was a healthy boy named Manik Angkeran. However, once he approached adulthood, Manik Angkeran had a bad habit that resulted in his death: gambling! As a parent who loved him greatly, Sidi Mantra tried to bring his son back to life by asking for mercy from a magical snake named Naga Besukih. It was this creature that had caused the death of Manik Angkeran. Here is Sidi Mantra's plea to Naga Besukih.

"O, noble Naga Besukih, master of the most powerful Mount Agung.

"There is nothing more painful for a parent than seeing the death of a beloved child. All the world's happiness vanishes just like that. Our passion for life is destroyed into fragmentless pieces. To that end, I, your humble servant, as one who is in awe of and respects you, beg that the life of my son is restored. I will be the one responsible for Manik Angkeran's personal shortcomings. Forgive me for the sins that my son has committed.

"Manik Angkeran was actually a good son. He was given by Sanghyang Widya to your humble servant and his wife as a gift for our religious devotion. We both loved him so much that we forgot that love does not mean always giving him what he wanted. As a result of this mistake of ours, Manik Angkeran became impatient if we did not get what he wanted.

"Most wise Naga Besukih! If I had not told him where the gold and diamonds I had came from, then Manik Angkeran would not have gone to Mount Agung to find you. This meeting led him to his death after he had dared to cut off your tail in an effort to get as many riches as he could from you.

"I will take responsibility. Manik Angkeran's ability to make the long journey to Mount Agung where you, O Noble One, live was the result of the training your humble servant gave him. Unfortunately, I did not com-

Asal-Usul Selat Bali

*Ini adalah ringkasan legenda terbentuknya Selat Bali yang dikenal oleh masyarakat Bali dan sekitarnya. Sidi Mantra, seorang Brahmana yang dikenal sangat **bijaksana**, mendapatkan hadiah yang istimewa dari Sanghyang Widya, **pencipta** dunia. Hadiah itu adalah seorang anak laki-laki yang sehat bernama Manik Angkeran. Namun, setelah **menginjak** dewasa, Manik Angkeran mempunyai kebiasaan yang buruk yang **mengakibatkan** pada kematiannya, yaitu berjudi! Sebagai orang tua yang sangat menyayanginya, Sidi Mantra berusaha untuk mendapatkan **nyawa** anaknya kembali dengan meminta belas kasih dari seekor naga sakti bernama Naga Besukih. **Makhluk** ini yang mengakibatkan kematian Manik Angkeran. Berikut permohonan yang disampaikan oleh Sidi Mantra kepada Naga Besukih.*

"Yang Mulia Naga Besukih penguasa Gunung Agung yang Maha Sakti,

"Tidak ada yang paling **menyakitkan** bagi orang tua selain melihat kematian anaknya yang dikasihi. Segala kesenangan dunia hilang dengan begitu saja. **Semangat** hidup hancur berkeping tak bersisa. Untuk itu, **hamba** sebagai orang yang **mengagumi** dan menghormatimu, mohon agar nyawa anak hamba dikembalikan. Hambalah yang sangat bertanggung jawab atas sifat jelek yang dimiliki anak hamba, Manik Angkeran. Maafkanlah hamba atas dosa yang diperbuat anakku.

"Manik Angkeran sesungguhnya anak yang baik. Dia adalah pemberian Sanghyang Widya untuk hamba dan isteri hamba sebagai hadiah atas **ketaatan** kami dalam beribadah. Kami berdua sangat mencintainya sehingga kami lupa bahwa mencintai bukan berarti selalu memberikan apa yang dia mau. Oleh karena **kesalahan** kami ini, Manik Angkeran menjadi orang yang tidak sabar bila tidak mendapatkan apa yang dia mau.

"Naga Besukih yang maha bijak! Seandainya hamba tidak member-itahukan dari mana harta berupa emas dan berlian yang hamba dapatkan, tentunya Manik Angkeran tidak akan sampai ke Gunung Agung untuk mencarimu. Pertemuan ini yang membawanya pada kematian sesudah dia berani **memotong** ekormu dalam upayanya untuk mendapatkan **harta** sebanyak-banyaknya darimu.

"Hambalah yang bertanggung jawab. Kemampuan Manik Angkeran dalam melakukan perjalanan yang jauh menuju Gunung Agung tempat tinggal Yang Mulia adalah hasil dari latihan yang **hamba** berikan setiap waktu. Sayang, hamba tidak melengkapinya dengan kemampuan spiritual

plete this with spiritual strength, so that Manik Angkeran could choose what was the right thing to do, instead of just his physical prowess.

"O Kindest Naga Besukih! I was devastated to hear that Manik Angkeran had cut off your tail after getting the riches he wanted from you. He ignored your advice to leave his bad habit of gambling behind. Truly, this was just an excuse so that you would give him a portion of your riches. After he saw what wealth you possessed, he forgot himself. If you had not shown all the riches that you had, I am sure that he would have never had the heart to do this terrible thing. Forgive him. Truly, his train of thought is still like a teenager, lacking consideration.

"If I could return your severed tail as a replacement for returning my son's life, of course I would try to return it to you. A thousand prayers I would offer up to Sanghyang Widha in order to be able to return your cutoff tail. I would teach my son Manik Angkeran a valuable lesson, to learn from this incident. Please answer my request, O wise Naga Besukih."

After much consideration, Sidi Mantra's request was fulfilled by Naga Besukih. Naga Besukih got his tail back, while Manik Angkeran awoke from his long sleep. Sidi Mantra embraced him tenderly. A valuable lesson began. Sidi Mantra changed into a huge floodwater that now separates the islands of Bali and Java. And Sidi Mantra hopes that Manik Angkeran will become more independent now that his father has turned into a body of water.

❖ ❖ ❖

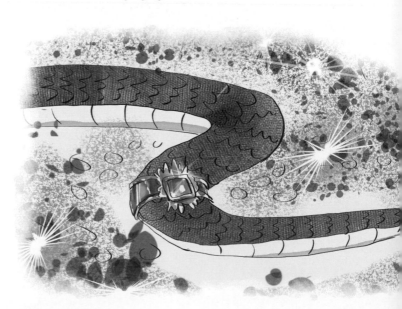

agar Manik Angkeran dapat **memilih** hal baik apa yang seharusnya dilakukan selain kehebatan fisiknya.

"Naga Besukih yang maha baik! Hamba sangat terpukul mendengar bahwa Manik Angkeran telah memotong ekormu setelah dia mendapatkan harta yang dia inginkan darimu. Nasihatmu agar dia melupakan kebiasaan buruknya untuk tidak **berjudi** dia sanggupi. Sungguh, ini hanya menjadi sebuah alasan saja agar engkau dengan segera mau memberikan sebagian harta yang kau miliki. Setelah dia melihat betapa banyaknya harta yang kau miliki maka **lupa dirilah** mata dan niat buruknya. Seandainya engkau tidak memperlihatkan semua harta yang kau miliki, hamba yakin niat buruk ini tidak akan pernah dia lakukan. Maafkan dia. Sungguh, jalan pikirannya masih seperti anak-anak remaja yang kurang **pertimbangan**.

"Seandainya hamba bisa mengembalikan ekormu yang terputus sebagai ganti agar kau mau mengembalikan nyawa anak hamba, tentu akan hamba usahakan dengan mengembalikannya kepadamu. Seribu doa akan hamba sampaikan kepada Sanghyang Widha agar dapat membantu hamba **mengembalikan** ekormu yang sudah terputus. Sebuah pelajaran yang sangat **berharga** akan kuberikan kepada anak hamba, Manik Angkeran, agar dia dapat belajar banyak dari peristiwa ini. Jawablah **permohonanku** ini wahai Naga Besukih yang bijaksana."

Setelah banyak pertimbangan, permintaan Sidi Mantra dipenuhi oleh Naga Besukih. Naga Besukih mendapatkan ekornya kembali sementara Manik Angkeran kembali bangun dari tidur panjangnya. Sidik Mantra **merangkul**nya dengan penuh haru. Pelajaran berhargapun dimulai. Sidi Mantra berubah menjadi air bah yang sangat besar yang kini memisahkan pulau Bali dari pulau Jawa. Sidi Mantra berharap agar Manik Angkeran bisa menjadi lebih **mandiri** bila ayahnya berubah menjadi air.

❖ ❖ ❖

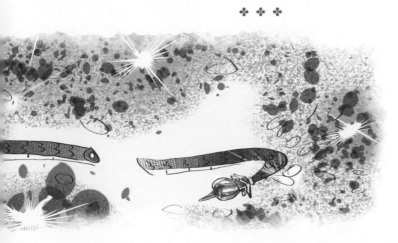

Discussion Questions

1. Why must we love and respect our parents?
2. What have you done for your parents to show your love for them?
3. What would be an appropriate punishment for someone who did not display love for their parents?

Cultural Notes

1. This story tells of a father's desperate plea for his son's life. Sidi Mantra pleads with the giant snake Naga Besukih to forgive his son and bring the latter back from the dead. The *naga* or snake-like dragon is a mythical creature not just in Indonesia but also found in other Asian cultures, such as the Chinese *liong*.

2. The story ends unexpectedly happily, with the gambling, disrespectful Manik Angkeran brought back to life and given a second chance. His father, Sidi Mantra, is turned into the sea, separating Bali and Java, as a symbol that Manik Angkeran (in this case the island of Bali) must become more independent.

3. This mirrors the migration many centuries ago of Javanese Hindus, who (escaping the arrival of Islam) crossed the sea to Bali to find refuge. A small community of indigenous people known as the Bali Aga who were already living in the island were eventually swamped by the newcomers, whose language had many links to Javanese, and whose religion predated Islam in Java.

4. The story also shows an attitude, often prevalent, that parents will do anything for their child's happiness—yet it is also acknowledged by Manik Angkeran's death that such behavior is less than ideal for the child's welfare. In this way it is a compassionate social comment and also a lesson for parents not to spoil their children or reward bad behavior.

Key Words

pencipta creator

mengakibatkan to cause, result in

nyawa life

makhluk creature

menyakitkan to hurt someone or something; painful

semangat spirit, passion

mengagumi to admire someone

ketaatan obedience

kesalahan mistake

harta property, riches

hamba I, humble self (very polite form of **saya**, first person)

berjudi to gamble

pertimbangan consideration

mengembalikan to return something

berharga valuable

permohonan request

merangkul to embrace

Comprehension Questions / Pertanyaan-pertanyaan

1. What was Sidi Mantra's gift from Sanghyang Widya?
   Apa hadiah untuk Sidi Mantra dari Sanghyang Wldya?

2. Why did Manik Angkeran have to go to Mount Agung to seek his heart's desire?
   Mengapa Manik Angkeran harus pergi ke Gunung Agung untuk mendapatkan apa yang diinginkannya?

3. What did Manik Angkeran do in order for Naga Besukih to help him?
   Apa yang disanggupi oleh Manik Angkeran hingga Naga Besukih sanggup untuk membantunya?

4. Why did Manik Angkeran cut off Naga Besukih's tail?
   Mengapa Manik Angkeran menebas ekor Naga Besukih?

5. What did Sidi Mantra do to bring Manik Angkeran back to life?
   Apa yang dilakukan oleh Sidi Mantra untuk menghiduplan Manik Angkeran?

Pitung, the Hero of Batavia

Pitung was a Betawi fighter who lived during Dutch colonial times. He was famous for his opposition to the Dutch, who were considered very unfriendly and extremely cruel to the local inhabitants, the Betawi people. With his skills in traditional self-defense, Pitung always helped members of the public who received injustice, such as theft of their land and crops, forced labor, security and the like. The house where he lived is now in the Cilincing area of North Jakarta. Mirza Abdurrahman was a resident of Jakarta who received assistance from Pitung when he had to deal with Dutch henchmen at a market in the Condet area. He sent a letter to Pitung expressing gratitude for his help. The contents of the letter are below:

To the respected:
Brother Pitung at home

March 28, 1892

Dear Brother Pitung,
I am just an ordinary person who lives in the Condet area, whom you don't know at all. I have built up the courage to send this letter because I am so impressed with what you did at the goat market to several body-guards who up until now have disrupted security in that area.

That morning, accompanied by my beloved wife, I went to the goat market to buy a goat for the circumcision ceremony of our youngest son. When I was busy bargaining with the goat seller, I heard a disturbance in the north side of the market where the cattle traders tie their cows to be sold to potential buyers. I saw a middle-aged man slumped on the ground with blood trickling from his nose and head. Then, two burly men in black clothes were seen raising machetes at the man, shouting loudly and coarsely. It seemed that the man in question had just received a knockout punch to the head.

Si Pitung, Jagoan Betawi

*Si Pitung adalah seorang **pendekar** Betawi yang hidup di masa **penjajahan** Belanda. Dia terkenal karena **perlawanannya** terhadap Belanda yang dianggap sangat tidak ramah dan cenderung jahat terhadap warga setempat, orang-orang Betawi. Dengan **kemahirannya** dalam **bersilat**, si Pitung selalu menolong warga masyarakat yang mendapatkan ketidakadilan, seperti; **perampasan** tanah dan hasil bumi, kerja paksa, gangguan keamanan dan lain-lain. Rumah peninggalannya kini berlokasi di wilayah Cilincing, Jakarta Utara. Mirza Abdurrahman adalah seorang warga Condet yang mendapatkan pertolongan dari Si Pitung ketika **berurusan** dengan **tangan kanan** Belanda di sebuah pasar di kawasan Condet. Dia mengirimkan surat kepada si Pitung untuk mengucapkan rasa terima kasih atas bantuannya. Berikut isi suratnya:*

Kepada Yang Terhormat:
Abang Pitung Di tempat

28 Maret, 1892

Abang Pitung yang baik,
Saya adalah hanya orang biasa yang tinggal di daerah Condet yang pasti Abang tidak kenal **sama sekali**. Saya beranikan diri untuk melayangkan **sepucuk** surat ini karena merasa sangat **terpukau** dengan apa yang Abang Pitung lakukan di pasar kambing terhadap beberapa **centeng** yang sering mengganggu keamanan lingkungan selama ini.

Pagi itu, saya ditemani isteri tercinta pergi ke pasar kambing untuk membeli seekor kambing untuk keperluan **sunatan** anak **bontot** kami. Ketika saya sedang melakukan tawar-menawar dengan pedagang kambing, saya mendengar keributan dari arah utara tempat di mana para pedagang sapi mengaitkan sapi-sapinya untuk dijual kepada para calon pembeli. Saya melihat ada seorang laki-laki paruh baya **tersungkur** di tanah dengan darah **bercucuran** dari hidung dan kepalanya. Lalu, dua orang kekar berbaju hitam terlihat **mengacungkan goloknya** ke arah orang tersebut sambil berteriak-teriak keras dengan kata-kata kasar. Sepertinya orang tersebut baru saja mendapatkan pukulan **telak** tepat di kepalanya.

Almost immediately, people in the market scattered, running away from them. However, not a single person was able to leave the market because apparently every alleyway was guarded by other burly, black-clothed men closely resembling the two who had waved their machetes at the old man now lying helpless on the ground.

The goat trader near me whispered that they were bodyguards sent by Papa Liem who had been tasked with collecting extremely high land taxes. We had already heard a lot about the cruelty of Papa Liem and his henchmen. They worked with the Dutch East India Company to drain riches from ordinary people in any way they could. My wife quickly threw the shabby bag she was using to carry money onto a pile of hay for goat feed. She knew that their target was money! How would we be able to buy a goat if the money that we had saved up for years disappeared, taken by them for no good reason? We hoped we would be able to retrieve the bag when the situation returned to normal.

Tidak lama kemudian, orang-orang di pasar **berhamburan** lari menjauhi mereka. Namun, tidak ada seorang pun yang dapat meninggalkan pasar tersebut karena ternyata setiap lorong telah dijaga oleh orang-orang sama berbadan kekar dan berbaju serba hitam sangat mirip dengan dua orang yang menunjuk-nunjukkan golaknya kepada orang tua yang sudah terlihat tidak berdaya itu.

Sambil berbisik-bisik, pedagang kambing di samping saya bilang bahwa mereka adalah centeng-centeng kiriman **Babah** Liem yang ditugasi olehnya untuk menarik pajak tanah yang terlampau tinggi. Kami sudah banyak mendengar tentang **kekejaman** Babah Liem dan centeng-centengnya. Mereka bekerja sama dengan kompeni Belanda untuk **menguras** kekayaan dari rakyat jelata dengan cara apapun.Tas **lusuh** yang isteri saya gunakan untuk menyimpan uang tanpa lama-lama dia lemparkan ke tumpukan rumput untuk makanan kambing. Dia tahu bahwa target mereka adalah uang! Bagaimana mungkin kami bisa membeli kambing kalau uang yang kami **tabung** bertahun-tahun **raib** mereka ambil tanpa alasan yang jelas? Kami berharap untuk bisa mengambil kembali tas tersebut bila situasi sudah aman kembali.

The situation became even more menacing when one of the black-clothed men was seen forcibly snatching the bundle of money belonging to the man on the ground. Suddenly, you appeared in the midst of a very tense situation. Without hesitation, you seized the knife being thrust by the thugs at the man. With a violent blow, you knocked down the burly man, who was thrown into the chicken coops lining the area. The sound of the wood of the chicken coops breaking startled everyone who witnessed the event, including the other thugs who now seemed to lose their confidence. Immediately they fled, running away from the market in all directions. This time, their efforts to seize people's possessions failed, thanks to your efforts, and for always being there to protect ordinary people like us.

Brother Pitung, Papa Liem's gang will always try to disturb public peace until they are satisfied with getting what they want: wealth! With the full assistance of the Company, they will always come into each urban village and take what they can, using the excuse of land taxes or whatever. The people are fed up with their cruelty. Your presence, Brother Pitung, is a droplet of water in the midst of the thirst that threatens us.

Brother Pitung, everyone is now singing your praises. The faith of lowly people such as myself is now starting to grow. Among us there is courage to fight those who are cruel to us. We are not alone.

We hope and pray that you, Brother Pitung, will always be under God's protection, and you will always be well.

Regards,
Mirza Abdurrahman
resident of Condet

❖ ❖ ❖

Situasi semakin **mencekam** ketika seorang berbaju hitam tersebut terlihat memaksa untuk merebut bungkusan uang milik laki- laki yang tersungkur itu. Abang Pitung secara tiba-tiba muncul di tengah situasi yang sangat **genting** itu. Tanpa **basa-basi** Abang Pitung merebut golok yang diacung-acungkan centeng tersebut. Dengan pukulan yang keras, Abang Pitung dapat **merobohkan** lelaki kekar itu yang terlempar menimpa kandang-kandang ayam yang berjajar di sekeliling kejadian itu. Suara kayu-kayu kandang tersebut mengagetkan setiap orang yang menyaksikan kejadian itu, termasuk centeng-centeng lainnya yang kini terlihat hilang kepercayaan dirinya. Tiba-tiba mereka kabur meninggalkan pasar dengan **kocar-kacir**. Kali ini, usaha mereka untuk **menggasak** harta milik rakyat gagal kembali karena usaha Abang Pitung yang selalu hadir melindungi rakyat seperti kami ini.

Abang Pitung, komplotan Babah Liem akan selalu berusaha untuk mengganggu ketenangan masyarakat sebelum merasa puas mendapatkan apa yang mereka mau: harta! Dengan bantuan kompeni yang penuh, mereka akan selalu masuk ke setiap kampung mengambil apa yang bisa mereka ambil dengan alasan pajak tanah dan apapun. Rakyat sudah **muak** dengan **kezaliman** mereka. Kehadiran Abang Pitung sungguh merupakan setetes air di tengah **dahaga** yang sangat **mengancam**.

Abang Pitung, setiap orang sekarang selalu **mengelu-elukan** Abang. Kepercayaan orang-orang kecil seperti saya kini mulai timbul. Di antara kami ada keberanian untuk melawan mereka yang jahat terhadap kami. Kami tidak sendirian.

Kami berharap dan berdoa agar Abang Pitung selalu dalam lindungan Allah dan sehat selalu.

Salam,
Mirza Abdurrahman
Penduduk Condet

Discussion Questions

1. What makes someone a hero?
2. Can you think of any heroic deeds within a family? What about at school or at the social and national level?
3. If Pitung was alive today, what heroic acts might he do to help the public?

Cultural Notes

1. The story of Si Pitung is perhaps the most famous traditional tale set in Jakarta. Si Pitung was a Robin Hood-like figure who stole from the rich to pay the poor, and played a heroic role in defending the poor against foreign-run gangs. Another despised foe was the Dutch East India Company (known in Indonesian as the **Kompeni** and in Dutch as the VOC—*Vereinigde Oostindische Compagnie*), which for around 200 years controlled Indonesian territory.

2. Indonesia's capital city was originally called Sunda Kalapa (later Jayakarta), a port for the Sundanese kingdoms of Tarumanagara and Pajajaran. After the Dutch arrived and the VOC took control of the city, it became known by its Dutch name of Batavia. The local community became greatly enriched by immigrants from around the archipelago and were known as Betawi, the local pronunciation of Batavia. After independence in 1945, the city became Jakarta (spelt as Djakarta until 1972).

3. The name Si Pitung is difficult to translate. **Si** is a familiar, sometimes disrespectful, word referring to someone else (its polite counterpart is **sang**). These words are only ever used about someone who is not present. The author of this letter addresses Si Pitung as **Abang Pitung**, or Brother Pitung, **abang** being the title used for older brothers or young men in the Betawi dialect of Jakarta.

4. This story also shows how a formal letter is written in Indonesian. A hand-delivered letter in Indonesian always states the receiver's address as **di tempat**, or literally "at their place" on the envelope. A letter should start with a date, as well as the opening greeting.

Key Words

pendekar	fighter	**bersilat**	to do traditional self-defense
penjajahan	colonial, colonialism	(**silat**)	
perlawanan	fight against, opposition	**perampasan**	aggravated theft
kemahiran	prowess, skill	**berurusan**	to deal with

tangan kanan   henchman, agent (lit. "right hand")

abang   older brother (in Betawi/ Malay culture)

sama sekali   (not) at all

sepucuk   counter for long, thin items (**sepucuk surat** = a letter)

terpukau   impressed, amazed

centéng   bodyguard

sunatan   circumcision

bontot   youngest (child)

tersungkur   slumped

bercucuran   to trickle

mengacungkan   to raise, hold up, flick

golok   knife, machete

telak   knockout

berhamburan   to scatter; scattered

Babah   Father (Hokkien dialect)

kekejaman   cruelty

menguras   to drain

lusuh   shabby

tabung, menabung   to save

raib   disappeared

mencekam   menacing, scary

genting   critical, tense

basa-basi   pleasantries, small talk

merobohkan   to knock down

kocar-kacir   in all directions, without order

menggasak   to seize

muak   fed up

kezaliman   cruelty

dahaga   thirst

mengancam   to threaten

mengelu-elukan   to praise, sing the virtues of

Comprehension Questions / Pertanyaan-pertanyaan

1. What was Mirza Abdurrahman and his wife's main reason for going to the market?

   Apa tujuan utama Mirza Abdurrahman dan isterinya pergi ke pasar?

2. Why had the Dutch bodyguards come to the market?

   Mengapa centeng-centeng Babah Liem datang ke pasar?

3. Nowadays, what would happen if you were at a market and gangsters suddenly appeared and attacked people?

   Kini, apa yang bisa terjadi seandainya berada pasar ketika secara tiba-tiba centeng-centeng menyerang orang-orang?

4. If Pitung hadn't been at the market, what might have happened to Mirza Abdurrahman's family?

   Seandainya Si Pitung tidak berada di pasar, apa yang bisa terjadi dengan keluarga Mirza Abdurrahman?

5. Was Mirza Abdurrahman's family rich? Explain your answer.

   Apakah keluarga Mirza Abdurrahman termasuk keluarga yang kaya? Sebutkan alasannya.

Malin Kundang, A Treacherous Son

The story of Malin Kundang comes from West Sumatra and is about a treacherous son who betrays his mother by not acknowledging her. This was after he had acquired abundant wealth and a beautiful wife, but was full of shame at having a mother living such a miserable life. His mother was greatly offended by Malin Kundang's actions, and uttered a curse that turned Malin Kundang into a stone statue. Naufal is a vlogger who uses his sixth sense to contact the spirit world on YouTube. This time, Naufal goes to Pantai Air Manis (Sweet Water Beach) in West Sumatra to experience what happened in the legendary story of Malin Kundang. Below is the report of his findings after "making contact" with Mandé Rubayah:

My son Malin Kundang, a fatherless child, lived his life full of struggle. Every day he worked his fingers to the bone going to and from the water's edge to work as a dockside laborer carrying goods.

As for me, his mother, Mande Rubayah, I was a poor old widow. To cover life's daily necessities, I sold little cakes.

As a dockside laborer, Malin Kundang saw lots of wealthy merchants wearing very fine clothes. He was greatly impressed.

One day when Malin Kundang was resting, a rich merchant called him from inside a ship. Apparently, the rich merchant was looking for crew to sail across the sea to other countries. Malin Kundang said he would do this although he was not sure I would agree.

It was not easy for me to receive this "happy news" from Malin Kundang. I feared losing my only son.

Malin Kundang insisted that the merchant's offer was a golden opportunity for him to change his own fate. My heart softened when I heard Malin's wish to have great riches and be able to wear fine clothes like those worn by the merchant.

Malin Kundang went to sea. On the one hand, he was very sad to leave me, his only remaining parent, but on the other hand, he was very tired of living in misery.

Malin Kundang Si Anak Durhaka

*Malin Kundang adalah sebuah cerita yang berasal dari Sumatera Barat yang mengisahkan tentang seorang anak yang **durhaka** terhadap sang Ibu karena tidak mengakuinya. Ini setelah mendapatkan kekayaan yang sangat **berlimpah** berikut seorang isteri yang cantik jelita dengan alasan malu mempunyai seorang Ibu yang sangat **sengsara**. Sang Ibu yang merasa sangat sakit hati dengan perilaku Malin Kundang lalu mengucapkan sebuah **kutukan** yang membuat Malin Kundang menjadi sebuah **patung**. Naufal adalah seorang vloger yang memanfaatkan kemampuan **indera keenamnya** untuk berhubungan dengan **dunia lain** di YouTube. Kali ini, Naufal pergi ke Pantai Air Manis di Sumatera Barat untuk merasakan apa yang terjadi dalam peristiwa cerita yang legendaris tentang Malin Kundang itu. Berikut laporan hasil penemuannya setelah 'menghubungi' Mandé Rubayah:*

Anak saya Malin Kundang, anak **yatim**, menjalani hidupnya penuh dengan perjuangan. Setiap hari **banting tulang** keluar masuk **bibir pantai** untuk bekerja sebagai **kuli angkut**

Saya, ibunya, Mandé Rubayah, hanyalah seorang **janda** tua miskin. Untuk mencukupi kebutuhan hidupnya, saya **menjajakan** kue.

Sebagai kuli angkut, Malin Kundang banyak melihat para **saudagar** kaya yang berpakaian sangat bagus. Malin Kundang sangat terpukau.

Suatu hari ketika Malin Kundang beristirahat, seorang saudagar kaya memanggilnya dari dalam sebuah kapal. Rupanya, saudagar itu sedang mencari anak kapal yang hendak dibawanya melaut ke negeri seberang. Malin Kundang **menyanggupinya** walaupun dia kurang yakin apakah saya akan setuju.

Tidak mudah bagi saya untuk menerima 'kabar gembira' dari Malin Kundang ini. Saya takut kehilangan anak saya satu-satunya.

Malin Kundang **bersikeras** bahwa tawaran saudagar ini adalah kesempatan emas untuk merubah nasib dirinya. Hati saya **luluh** ketika mendengar keinginan Malin untuk mempunyai harta berlimpah dapat memakai pakaian bagus seperti yang dikenakan oleh para saudagar.

Malin Kundang pergi berlayar. Di satu sisi sangat sedih meninggalkan saya, orang tuanya yang **sebatang kara**, namun di sisi lain dia sudah sangat bosan hidup dalam kesengsaraan.

Now the story is "continued" by Malin Kundang himself.

All my hopes were beyond expectation. Thanks to my hard work, I was able to conquer the world. I wished I could quickly meet my mother to tell her of my success, but my busy life always prevented me from doing so.

Perhaps, abundant riches and the actions of those around me who somewhat deified me slowly made me forget myself. Once in a while I felt a fleeting longing for my mother, but going back to the village to see her would have been the same as seeing the past, which was too painful for me.

At a party, I had a surprise. Another merchant suddenly introduced his daughter, who had a beautiful face and whom I found very attractive. I fell in love.

I put on display the best that I had. Hiding my miserable past was a must. With my abundance of riches, it was of course very easy for me to hide it.

Sekarang ceritanya 'dilanjutkan' oleh Malin Kundang sendiri:

Pucuk dicinta ulam pun tiba. Karena **keuletanku**, aku berhasil **menaklukkan** dunia. Ingin rasanya cepat-cepat bertemu dengan sang Ibu untuk menceritakan tentang keberhasilannya, namun kesibukanku selalu menghalangi niat yang baik itu.

Mungkin, harta yang berlimpah dan perlakuan orang-orang di sekeliling yang sedikit **mendewakanku** lambat laun telah membuatku **lupa diri**. Sesekali terlintas rasa **kangen** dengan Ibu, namun pergi ke kampung menemui Ibu adalah sama halnya dengan melihat masa lalu yang terlalu menyakitkan bagiku.

Dalam sebuah pesta, aku menemukan sebuah kejutan. Seorang sesama saudagar secara tiba-tiba memperkenalkan anaknya yang **berparas cantik** dan sangat menarik bagiku. Aku pun jatuh cinta.

Aku menampilkan hal-hal terbaik yang dia punya. Menyembunyikan masa laluku yang sengsara adalah sebuah **keharusan**. Dengan kekayaan yang berlimpah, tentu sangat mudah bagiku untuk menyembunyikan hal tersebut.

Meanwhile, my mother must have become increasingly sad that I, her son, had never returned. Was she thinking, what does my son look like now and how is he making a living? Does he already have a wife and children? Everything must have been a mystery to her.

I was at the peak of my success. The beautiful woman I had been introduced to returned my love. My heart was joyful. All that this woman requested, I always fulfilled, including a sumptuous wedding reception.

I always invited my wife to come along on voyages from island to island to carry out trade missions. Nowadays, I could trust my ship's crew to decide on the direction of which island we would sail on a voyage.

Usually my wife would ask me to leave the ship and look at the views of each island we came to. This time, when stepping off the boat, walking across the gangway connecting the boat to the wharf, I was stunned. This was Sweet Water Beach, the place where I was born and brought up by my mother, who must have missed me a great deal. But I wanted to leave.

I had no chance to take my wife back on board the ship before an old woman started calling my name loudly. My wife was very surprised to see me looking so awkward, and the old woman, who was so curious about me, calling me "son." I dragged my wife back to the ship, all the while shouting at the woman to not call me "son." The atmosphere around us became noisy. Maybe people began to recognize who I really was.

Mande Rubayah's account finishes this story.

I was very disappointed at what Malin Kundang had done. Years of waiting and praying to be able to meet him had sown bitter fruit. I hoped that God would give a meaningful lesson to my son who had completely forgotten himself.

Malin Kundang suddenly turned into stone, prostrating himself on his hands and knees.

❖ ❖ ❖

Sementara itu, pasti ibuku semakin sedih mendapati aku, anaknya yang tidak pernah kembali. Apakah dia berpikir, bagaimanakah rupa dan **penghidupan** anaknya saat ini? Apakah dia sudah **beranak pinak**? Semua tentu menjadi misteri baginya.

Aku berada di puncak kejayaanku. Perempuan cantik yang dikenalkan kepadanya kini menaruh hati kepadaku. Hatiku **berbunga-bunga**. Segala yang perempuan itu minta, selalu kupenuhi, termasuk **pesta pernikahan** yang mewah.

Aku selalu mengajak serta isteriku untuk melakukan **pelayaran** dari pulau ke pulau untuk melakukan misi perdagangan. Kini, aku dapat **mempercayakan** kepada anak buah kapalku untuk menentukan arah pulau mana yang akan kutempuh untuk setiap perjalanan.

Biasanya isteri mengajakku untuk turun dari kapal dan melihat-lihat pemandangan di setiap pulau yang kami datangi. Ketika melangkah keluar kapal dan berjalan melalui jembatan yang menghubungkan kapalku dengan darmaga, kali ini aku terkejut **bukan kepalang**. Ini adalah Pantai Air Manis, tempat di mana aku lahir dan besar dalam asuhan sang Ibu yang pasti sangat merindukannya. Tapi kuingin pergi.

Belum sempat kubawa isteri untuk kembali menaiki kapalku, seorang perempuan tua memanggil namaku dengan kencang. Isteriku sangat kaget melihat sikapku yang terlihat **canggung**, dan perempuan tua itu yang terlihat penasaran menatap suaminya yang dia sebut 'anak.' **Kuseret** isteri untuk kembali ke kapal sambil **menghardik** perempuan itu untuk tidak memanggilku 'anak.' Suasana di sekeliling menjadi ramai. Mungkin orang-orang mulai mengenal siapa diriku yang sebenarnya.

Kesaksian Mandé Rubayah mengakhiri kisah ini.

Saya sangat **terpukul** dengan apa yang diperbuat oleh Malin Kundang. Bertahun-tahun menanti dan berdoa untuk bisa bertemu dengan Malin **berbuah pahit**. Saya berharap agar Tuhan memberi pelajaran yang berarti bagi anak saya yang lupa diri.

Malin Kundang tiba-tiba berubah menjadi patung yang sedang bersujud.

❖ ❖ ❖

Discussion Questions

1. Why must a child not forget all that his/her parents have done for them?
2. How should a child behave so that his/her parents are not offended or hurt?
3. How do business people become successful? What are some of the symbols of their success?

Cultural Notes

1. The story of Malin Kundang is perhaps one of the best-known legends in Indonesia. The name 'Malin Kundang' is often used or referred to when speaking of a treacherous child or one who does not appear to appreciate his/her parents. As in most Asian societies, Indonesian parents are highly revered. Age is also respected, so older brothers and sisters enjoy a higher status than their younger siblings.

2. The Minangkabau culture of West Sumatra, into which Malin Kundang was born, is different from most other cultures in that it is predominantly matriarchal. Traditionally, families live in a large house, or **rumah gadang**, with distinctive pointed gabled roofs, and presided over by the family's grandmother or mother. Young men traditionally leave the village to seek their fortune elsewhere. The most obvious evidence of this is the proliferation of Padang-style restaurants and eateries across Indonesia.

3. The story ends with Malin Kundang being cursed (it is not clear exactly by whom) and being turned to stone in a prostrating position with his forehead on the ground (**sujud**). This is one of the positions when Muslims pray and prostrate themselves before Allah. On certain occasions, children may also prostrate before their parents, most notably just after taking their marriage vows. In this case, Malin Kundang's treachery is punished by him being frozen in this position, presumably bowing down low before his mother, Mande Rubayah.

4. The Air Manis beach has a series of stone statues made by the local government referencing the Malin Kundang story. It is said that previously there were naturally formed rocks that resembled Malin Kundang bowing before Mande Rubayah.

Key Words

durhaka treacherous
sengsara miserable, suffering
kutukan curse
patung (stone) statue
indera keenam sixth sense

dunia lain other world, spirit world, other dimension
yatim orphan (especially without a father)
kisah story, tale

membanting tulang   to work hard, work one's fingers to the bone

bibir pantai   water's edge (lit. "lips of beach")

kuli angkut   wharf laborer, dockside worker

janda   widow

menjajakan   to sell or hawk (food)

saudagar   merchant

menyanggupi   to undertake, say you will do something

luluh   to soften, melt

bersikeras   to insist

sebatang kara   one and only

pucuk dicinta ulam pun tiba   hopes were exceeded

keuletan   hard work, dedication

menaklukkan   to conquer

mendéwakan   to deify, put on a pedestal

lupa diri   to forget oneself

kangen   longing; to miss or long for someone or something

berparas cantik   to have a beautiful face

keharusan   a must, a necessity

penghidupan   livelihood, making a living

beranak pinak   to have (a wife and) children

berbunga-bunga   happy, joyful

pésta pernikahan   wedding reception

pelayaran   voyage

mempercayakan   to trust with, entrust

bukan kepalang   indeed

canggung   awkward

séret, menyéret   to drag

menghardik   to shout (at)

terpukul   disappointed

berbuah pahit   to end sadly (lit. "to bear bitter fruit")

bersujud   to prostrate oneself on hands and knees

Comprehension Questions / Pertanyaan-pertanyaan

1. What was hard about Malin Kundang's early life?
   Bagaimana hidup Malin Kundang susah waktu kecil?
2. Who inspired Malin Kundang to seek his fortune? How did this person inspire him?
   Siapa yang menginspirasi Malin Kundang untuk mengubah nasib? Bagaimana orang itu menginspirasikannya?
3. What do you think Malin Kundang meant when he said, "I was able to conquer the world"?
   Apa maksudnya Malin Kundang ketika mengatakan, "Aku berhasil menaklukkan dunia"?
4. Why did Mande Rubayah's feelings change toward Malin Kundang once she met him again?
   Mengapa perasaan Mande Rubayah terhadap Malin Kundang berubah setelah dia bertemu kembali dengannya?
5. Do you think Malin Kundang really did not recognize his mother or did he choose to pretend he did not know her? Explain your answer.
   Apakah Malin Kundang benar-benar tidak ingat ibunya, atau apakah dia memilih berpura-pura tidak mengenal? Jelaskan jawabannya.

Nyai Anteh, the Moon Keeper

This story of Nyai Anteh, the Moon Keeper comes from West Java. The story is written in the form of an anecdote describing the downside of having a beautiful face, and as a message that something that looks pleasant does not always have a happy ending.

(Nyai Anteh was a beautiful maidservant who had befriended the king's daughter, Princess Endarwaru. Her closeness to the royal family made other maidservants envious.)

NYAI MARNI:	How lucky you are!
NYAI ANTEH:	What do you mean?
NYAI MARNI:	If only I could be beautiful and beloved by the royal family, like you.
NYAI ANTEH:	Oh, Marni, the grass is always greener on the other side. Be grateful for what you have now.

(Their conversation was interrupted because Princess Endarwaru called Nyai Anteh to her room.

Nyai Marni watched Nyai Anteh and Princess Endarwaru chatting in the palace gardens. They were laughing as they picked flowers. Then, the king and queen came. They spoke and then Nyai Anteh hugged Princess Endarwaru. It seemed that the king and queen had brought good news for the Princess.)

NYAI MARNI:	Anteh, I saw you hug Princess Endarwaru. What good news was brought by the king and queen for her?
NYAI ANTEH:	Marni, come with me tomorrow to pick flowers in the palace gardens. Our princess is going to be introduced to someone from Kadipaten Wetan. This is very exciting news!
NYAI MARNI:	Oh, heaven be praised, with a glad heart I will go with you.

(The next day, Nyai Anteh and Nyai Marni were picking flowers in the palace gardens in preparation for welcoming the guests.

Singing, Nyai Anteh teased Nyai Marni who was very impressed with the palace gardens. Nyai Marni pinched Nyai Anteh and ran around joking.)

Nyai Anteh Penunggu Bulan

Cerita Nyai Anteh Penunggu Bulan ini berasal dari daerah Jawa Barat. Cerita ini ditulis dalam bentuk anekdot yang menggambarkan sisi pahitnya menjadi seorang yang berparas cantik sebagai pesan bahwa sesuatu yang terlihat menyenangkan tidak selalu berakhir dengan kesenangan.

(Nyai Anteh adalah seorang dayang cantik yang bersahabat dengan putri kerajaan, Putri Endarwaru. Kedekatannya dengan keluarga kerajaan membuat dayang-dayang lainnya cemburu.)

NYAI MARNI:	Betapa **beruntungnya** kamu.
NYAI ANTEH:	Apa maksudmu?
NYAI MARNI:	Seandainya aku cantik dan dicintai keluarga raja sepertimu.

NYAI ANTEH: Ah, Marni, rumput tetangga terlihat lebih hijau dari sesungguhnya. Syukurilah apa yang kau dapatkan sekarang ini.

(Percakapan mereka terputus karena Putri Endarwaru memanggil Nyai Anteh masuk ke kamarnya.

*Nyai Marni melihat Nyai Anteh dan Putri Endarwaru sedang **bercengkrama** di taman sari. Mereka tertawa-tawa sambil memetik bunga. Kemudian, raja dan ratu datang. Mereka berbicara disusul dengan **pelukan** Nyai Anteh kepada Putri Endarwaru. Sepertinya raja dan ratu membawa kabar gembira untuk Putri Endarwaru.)*

NYAI MARNI: Anteh, saya lihat kamu memeluk Putri Endarwaru. Kabar apakah yang dibawa oleh sang raja dan ratu untuknya?

NYAI ANTEH: Marni, temanilah aku besok **memetik** bunga di taman sari. Putri kita akan dikenalkan dengan seseorang dari Kadipaten Wétan. Ini berita yang sangat menyenangkan!

NYAI MARNI: Oh, syukurlah, dengan senang hati saya akan menemanimu.

(Esok harinya, Nyai Anteh dan Nyai Marni memetik bunga-bunga di taman sari sebagai persiapan menyambut kedatangan tamu.

*Sambil bernyanyi, Nyai Anteh **mengolok-olok** Nyai Marni yang sangat terkesan dengan taman sari. Nyai Marni **mencubit** Nyai Anteh dan berlari-lari sambil bergurau.)*

NYAI MARNI: Anteh, I understand now why the royal family love you. You have a wonderful personality. You are beautiful. Your lovely voice will tempt many men.

ANANTAKUSUMA: That is very true, what you say. You are beautiful, and your voice is lovely.

(*Without being aware of it, their conversation had been heard by someone behind the fort in the palace gardens.*)

ANANTAKUSUMA: I am intrigued by your voice and singing. Without wanting to be too bold, I climbed the fortress wall of this garden only to know who is the owner of this voice.

NYAI ANTEH: Who are you?

ANANTAKUSUMA: I am Anantakusuma. Are you the princess who owns these gardens?

NYAI ANTEH: Not at all. I'm sorry, we must go.

(*Nyai Anteh and Nyai Marni left Anantakusuma behind, who was still intrigued by Nyai Anteh.*)

Nyai Marni: Anteh, saya **paham** sekarang mengapa keluarga kerajaan sangat menyukaimu. Kepribadianmu memang sangat menyenangkan. Kamu cantik. Suaramu yang bagus akan membuat para lelaki **tergoda**.

Anantakusuma: Betul sekali apa yang kau bilang. Kamu cantik, suaramu pun sangat bagus.

(*Tanpa disadari, percakapan mereka terdengar oleh seorang **dibalik benteng** taman sari.*)

Anantakusuma: Aku **penasaran** dengan suara dan nyanyianmu. Tanpa bermaksud **lancang**, saya **panjat** benteng taman ini hanya untuk tahu siapa pemilik suara itu.

Nyai Anteh: Siapakah **saudara**?

Anantakusuma: Saya Anantakusuma. Apakah engkau putri pemilik taman sari ini?

Nyai Anteh: Bukan sama sekali. Maaf, kami mohon pamit.

(*Nyai Anteh mengajak Nyai Marni pergi meninggalkan Anantakusuma yang masih penasaran dengan Nyai Anteh.*)

NYAI MARNI:	Anteh, why did you so hurriedly hustle me away?
NYAI ANTEH:	This is what I meant by "the grass is always greener on the other side," Marni. The thing that you were proud of in me, sometimes makes me feel pressured.
	Imagine if that man suddenly liked me more than the Princess? What would happen?
NYAI MARNI:	Do you regret your beauty?
NYAI ANTEH:	No. I'm only afraid that it will actually harm me.
NYAI MARNI:	What do you mean?
NYAI ANTEH:	Although it was a joke, Her Highness expressed her fear that her intended might just be taken with my beauty. Honestly, I'm scared that will happen.

(*On the night that had been decided, under the light of a bright full moon, Prince Anantakusuma arrived with his father.*

Nyai Anteh tried to stay out of the prince's sight. Nyai Marni took Nyai Anteh's place serving guests.

This time Nyai Marni was grateful to be an ordinary person, with no worries about great consequences if someone liked her—the loss of love and affection from the royal family.

Nyai Marni met Nyai Anteh in the palace kitchen to pass on bad news. Prince Anantakusuma had recognized her.)

NYAI MARNI:	Quick, Anteh, hide! I am sure he will look for you.

(*Nyai Anteh had not had time to answer when a deep voice came from behind Nyai Marni.*)

ANANTAKUSUMA:	I have found you. I have fallen in love with you. Not with the princess who is awaiting me over yonder.
NYAI ANTEH:	No, Your Highness. Allow me to return to work.

(*Nyai Anteh ran into the bushes in the palace gardens. She found a dark laneway in which to hide. She heard Anantakusuma's cries as he looked for her, swearing that he would marry her.*

Nyai Anteh said a prayer asking for God's help so that Anantakusuma would not find her. Suddenly the moonlight focused its full force on illuminating her hiding place. Nyai Anteh was lifted up toward the moon, saved from being chased by Anantakusuma.

Until now, Nyai Anteh has lived on the moon, together with a cat named Candramawat.)

❖ ❖ ❖

NYAI MARNI:	Anteh, kenapa kau cepat-cepat mengajakku pergi?
NYAI ANTEH:	Inilah yang aku maksud dengan "rumput tetangga terlihat lebih hijau", Marni. Apa yang kau banggakan tentang diriku terkadang membuat aku merasa **tertekan**.
	Bayangkan kalau lelaki itu tiba-tiba menyukaiku lebih dari kepada Putri? Apa yang akan terjadi?
NYAI MARNI:	Apakah kau merasa **menyesal** dengan kecantikanmu?
NYAI ANTEH:	Tidak. Aku hanya takut kalau hal ini malah akan **mencelakaiku**.
NYAI MARNI:	Apa maksudmu?
NYAI ANTEH:	Walau dalam **candaan**, putri mengungkapkan ketakutannya bila jodohnya justru malah **terseret** oleh kecantikanku. Sesungguhnya, aku takut hal itu terjadi.

(*Di malam yang telah ditentukan dengan cahaya bulan pernama yang terang, Pangeran Anantakusuma datang **beserta** ayahandanya.*

*Nyai Anteh berusaha agar tidak terlihat oleh sang pangeran. Nyai Marni menggantikan **perannya** melayani tamu.*

*Kali ini Nyai Marni bersyukur menjadi orang yang biasa-biasa saja tanpa harus **khawatir** ada orang yang menyukainya dengan konsekuensi besar, kehilangan kasih sayang dari keluarga raja.*

*Nyai Marni menemui Nyai Anteh di dapur istana untuk mengabarkan berita buruk. Pangeran Anantakusuma dapat **mengenalinya**.*)

NYAI MARNI:	Cepat Anteh, **sembunyilah**. Saya yakin dia akan mencarimu.

(*Belum sempat Nyai Anteh menjawab, suara berat dari belakang Nyai Marni.*)

ANANTAKUSUMA:	Aku sudah menemukanmu. Aku sudah jatuh cinta dengan kamu. Bukan dengan putri yang sedang menungguku di sana.
NYAI ANTEH:	Tidak, Pangeran. Ijinkan saya untuk kembali bekerja.

(*Nyai Anteh berlari ke arah semak di taman sari. Dia cari lorong gelap untuk bersembunyi. Dia dengar **teriakan** Anantakusuma yang sedang mencarinya sambil **bersumpah** untuk mengawininya.*

*Nyai Anteh mengucapkan doa meminta pertolongan Tuhan agar tidak ditemukan oleh Anantakusuma. Tiba-tiba cahaya bulan berkumpul penuh **menyinari** tempat persembunyiannya. Nyai Anteh terangkat menuju bulan begitu cepatnya, **terselamatkan** dari kejaran Anantakusuma.*

Hingga kini Nyai Anteh tinggal di bulan ditemani seekor kucing bernama Candramawat.)

❖ ❖ ❖

Discussion Questions

1. Is there a traditional tale from your country relating to the moon?
2. Have you ever heard of the expression, "the grass is always greener on the other side"? What does this expression mean?
3. What should we do to show gratitude for what we already have?

Cultural Notes

1. This story illustrates an aspect of Indonesian society that is evident in many world cultures: social hierarchy. Princess Endarwaru and the rest of the royal family enjoy life in a large palace with a fleet of servants, among which Nyai Anteh and Nyai Marni are just two. Well-to-do Indonesian families, to this day, would have servants, a driver, cook, nursemaid and gardener (if not more) living with them at home, in separate quarters, as part of the household.

2. While their daily lives are spent together, there is an enormous social gap between employer and servant. Acts of kindness are often shown between the two; but similarly there may also be unpleasantness from either party, as in any relationship.

3. It is fine for Princess Endarwaru to have Nyai Anteh as a friend and companion, but it would be unthinkable for Prince Anantakusuma to seek Nyai Anteh's hand in marriage, as she is only a lowly servant. Hence the ending of the story where Nyai Anteh is removed as far away as possible for her own good.

4. Servants are often drawn from poorer, less-educated families living outside the big cities, who have only their manual labor skills as a selling point. With increased levels of education, especially in urban areas, going into service is less likely now for young people growing up in Indonesia's bigger cities.

5. In many ways, however, family life may be stronger in the lower classes. Many upper-class children are brought up by nannies (often called "baby sitters") with only occasional contact with their busy parents who may be working or socializing. Some well-to-do children may feel closer to their nursemaid or a particular servant than their own mother or father.

Key Words

beruntung lucky, fortunate	**mencelakai** to harm someone
terputus interrupted, cut off	**candaan** a joke
bercengkrama to have a conversation	**terséret** dragged by
mengolok-olok to make fun of	**mengenali** to know someone
mencubit to pinch	**sembunyi** to hide
paham to understand	**teriakan** shouts, cries
tergoda to be tempted	**bersumpah** to swear (an oath)
bénténg walls (lit., forts)	**menyinari** to shine a light on
penasaran curious	**terangkat** lifted
lancang rude, bold	**terselamatkan** saved, rescued
panjat to jump	

Comprehension Questions / Pertanyaan-pertanyaan

1. Why were many handmaidens jealous of Nyai Anteh?
   Mengapa banyak dayang merasa iri dengan Nyai Anteh?

2. Did Nyai Anteh feel proud of what the handmaidens thought of her?
   Apakah Nyai Anteh merasakan bangga dengan apa yang dipikirkan dayang-dayang tentang dirinya?

3. Why was the princess scared of Nyai Anteh's beauty?
   Mengapa putri merasa takut dengan kecantikan yang dimiliki oleh Nyai Anteh?

4. State two things that made Nyai Marni understand why the royal family liked Nyai Anteh.
   Sebutkan dua hal yang membuat Nyai Marni mengerti mengapa keluarga kerajaan menyukai Nyai Anteh.

5. What lesson could Nyai Marni learn from the incident where Prince Anantakusuma fell in love with Nyai Anteh?
   Pelajaran apa yang bisa diambil oleh Nyai Marni dari peristiwa jatuh cintanya Pangeran Anantakusuma kepada Nyai Anteh?

Grandma Luhu

Grandma Luhu is a story from Eastern Indonesia. It tells of a king's daughter named Ta Ina Luhu who was left for dead by her family, who were later killed by Dutch forces trying to seize power of their kingdom. Princess Ta Ina Luhu was a very kind person who had high moral values and was independent. Although she was saved by King Soya and treated well, Ta Ina Luhu left without saying goodbye because she did not want to become a burden to him with her unwanted pregnancy. The following is a portrait of Princess Ta Ina Luhu's life, presented in the form of her diary.

Date: February 4
Dear Diary,
As in previous days, I have been kept busy with events of state. Nearly every morning I accompany Father receiving guests from neighboring countries who wish to barter cloves and other crops. During the day, I teach my beloved little brothers, Sabadin and Kasim, how to read books of knowledge. In the afternoon and evening, I read letters of state to my beloved Father. As the daughter of King Gimelaha Luhu Tuban, I have a responsibility to study all aspects of royal affairs, so that I am ready for the time I have to replace Father if there is an obstacle to him remaining king in the future.

Date: March 15
There is one thing that I need to write about concerning what has been happening recently in my country. As a prosperous nation, of course my country is often visited by people from other lands for trade, the sharing of knowledge, and other reasons. However, recently their visits have felt very awkward. From reports of royal assistants who have been placed in several corners of the land, a number of foreigners have been seen spreading out in unusual locations, such as in quiet pockets of the nation, in defense fortresses, in the middle of towns, and in busy places. Honestly, I feel scared that they are planning something bad. Father has already ordered all his officials and forces to examine these people more carefully.

Nenek Luhu

*Nenek Luhu adalah cerita yang berasal dari Indonesia Timur. Berkisah tentang seorang putri raja bernama Ta Ina Luhu yang ditinggal mati oleh keluarganya karena dibunuh oleh pasukan Belanda yang berusaha untuk **merebut** kerajaannya. Ta Ina Luhu adalah seorang putri yang sangat baik, **berbudi luhur** dan mandiri. Walaupun sudah diselamatkan oleh Raja Soya dan diperlakukan dengan baik, Ta Ina Luhu pergi tanpa pamit dengan alasan tidak mau menjadi **beban** untuk Raja Soya atas kehamilannya yang di luar harapannya. Berikut potret perjalanan hidup seorang Putri Ta Ina Luhu yang dikemas dalam bentuk buku harian miliknya.*

Tanggal 4 Februari
Buku Harian,
Seperti hari-hari sebelumnya, kegiatan saya akhir-akhir ini sangat **disibukkan** dengan acara **kenegaraan**. Hampir setiap pagi, saya **mendampingi** ayahanda untuk menerima tamu dari negeri seberang yang hendak barter membeli cengkeh dan hasil bumi lainnya. Di siang hari, saya mengajari adik-adik tercinta, Sabadin dan Kasim, membaca **kitab-kitab** pengetahuan. Di sore dan malam hari, saya bacakan surat-surat kenegaraan untuk ayahanda tercinta. Sebagai seorang putri dari Raja Gimelaha Luhu Tuban, saya **berkewajiban** untuk mempelajari semua urusan kerajaan agar saya siap pada saat harus menggantikan ayahanda bilamana **berhalangan** menjadi raja nanti.

Tanggal 15 Maret
Ada satu hal yang harus saya tulis tentang apa yang terjadi akhir-akhir ini di negeri saya ini. Sebagai negara yang **makmur**, tentu negeri saya banyak dikunjungi oleh orang-orang dari berbagai negeri untuk berdagang, berbagi ilmu dan lainnya. Namun, akhir-akhir ini terasa banyak **kejanggalan** atas kunjungan mereka. Dari laporan pembantu kerajaan yang ditempatkan di berbagai sudut negeri, beberapa orang asing terlihat **menyebar** di tempat-tempat yang tidak biasa, seperti di sudut-sudut negeri yang sepi, di benteng pertahanan, di pusat kota, dan di pusat keramaian. Sungguh, saya merasa takut bahwa mereka sedang **mempersiapkan** sesuatu yang tidak baik. Ayahanda telah **memerintahkan** seluruh **aparat** untuk memperhatikan mereka lebih **seksama**.

Date: April 2
My Diary,
What I have feared some time ago has come to pass! Suddenly, the foreigners who have been roaming the length of this land have attacked! The barrows they brought to this country have turned out to contain weapons that they had deliberately prepared beforehand. They wish to gain control of all the riches that this land possesses. They have detained my whole family, including my dear little brothers. Who knows what they are planning to do to me. Right now, I am being taken along a footpath on horseback. Dozens of people are accompanying me on this journey.

Date: April 20
The island of Ambon is apparently their destination since they have taken me by force from my own beloved land of Luhu. It seems they are planning to marry me off to their commander! Of course I am not willing! However, my act of unwillingness has resulted in the commander behaving in an undignified way. He is always trying hard to gain access to my weakening body. I am locked up in a foreign location. I have to find a way to get out of this hellish place.

Tanggal 2 April
Buku Harianku,
Apa yang saya takutkan beberapa waktu lalu sungguh terjadi! Secara tiba-tiba orang-orang asing yang sudah **berkeliaran** di **seantero** negeri ini melakukan **serangan**! **Gerobak-gerobak** yang mereka bawa ke negeri ini ternyata berisikan **persenjataan** yang memang sudah dipersiapkan sebelumnya. Mereka ingin menguasai seluruh kekayaan yang dimiliki negeri ini. Mereka **menangkap** seluruh keluarga saya, termasuk adik-adik saya tercinta. Entah apa yang sedang mereka rencanakan dengan diri saya. Saat ini, saya sedang dibawa menyusuri **jalan setapak** dengan menunggangi seekor kuda. Puluhan orang mengawal perjalanan ini.

Tanggal 20 April
Pulau Ambon rupanya menjadi tujuan mereka yang membawa saya secara paksa menjauhi negeri tercinta, Luhu. Rupanya mereka sedang merencanakan untuk **memperisteri** diri saya dengan **panglima** mereka! Tentu saya saya **tidak sudi**! Namun, sikap saya ini mengakibatkan perlakuan sang panglima yang tidak **senonoh**. Dia berusaha keras untuk meraih tubuh saya yang lemah ini. Saya dikurung di sebuah tempat yang asing. Saya harus mencari cara agar dapat keluar dari tempat **jahanam** ini.

Date: May 13
Although I am under tight guard, I have succeeded in getting out of the strange building by disguising myself as someone who cleans the rooms. As fast as I could, I escaped from this town of Ambon, not knowing in which direction I should go. Recently, I have realized that this place of escape is the kingdom of Soya. I know the king well.

Date: May 20
King Soya was very happy to receive me. I am being treated as befits a member of the royal family. All my needs are catered for well. Honestly, this comfort makes me remember my brothers, Sabadin and Kasim, and also my two parents. How I miss them! Without realizing it, tears are pouring down my face.

Date: August 11
Dear Diary,
It seems ill-fortune is still on my side despite the comforts provided by King Soya. The unpleasant treatment from the commander of the forces that attacked my country has left a stain. I am pregnant! I am so ashamed that King Soya and his family will find out. I don't want to be a bother to them. The only way out I can think of is to leave them without explaining why. With a heavy heart, I will do this on a suitable day.

Date: August 17
I have run away on one of the horses belonging to the kingdom of Soya. I sped on this horse up to the top of the mountain. The beauty of the Ambon Bay could not erase my sadness. For the time being, I will stay on the mountain top.

Date: August 22
On exactly the fifth day of my flight, troops from the kingdom of Soya found me. They asked me to come home by order of the king. I told them how ashamed I was at my worthless self, but they still insisted that I return. When one of them pulled my hand, suddenly my body mysteriously vanished.

From that time, people have spoken of Grandma Luhu, a creature who appears after a heavy rain shower and disturbs children.

❖ ❖ ❖

Tanggal 13 Mei

Sekalipun dalam penjagaan yang ketat, saya berhasil keluar dari bangunan asing itu dengan cara **menyelinap menyamar** sebagai orang yang membersihkan ruangan. Secepatnya saya melarikan diri dari Kota Ambon ini tanpa tahu dengan jelas ke arah mana saya menuju. **Belakangan**, saya sadar bahwa tempat **pelarian** ini adalah kerajaan Soya. Saya kenal baik dengan rajanya.

Tanggal 20 Mei

Raja Soya sangat menerima kedatangan saya. Saya diperlakukan layaknya anggota keluarga. Segala keperluan saya disiapkan dengan baik. Sungguh, **kenyamanan** ini membuat saya teringat kembali akan saudara kandung saya, Sabadin dan Kasim, juga kepada kedua orangtua saya. Betapa saya merindukan mereka! Tak terasa, air mata **membasahi** wajah.

Tanggal 11 Agustus

Buku Harian,

Rupanya **kemalangan** masih berpihak kepada saya walaupun kenyamanan telah diberikan oleh Raja Soya. Perlakuan tak senonoh dari panglima kaum **penyerang** negeri berbuah noda. Saya hamil! Saya terlalu malu bila Raja Soya dan keluarganya mengetahui hal ini. Saya pun tidak mau **merepotkan** mereka. Satu-satunya jalan keluar yang terpikir adalah pergi meninggalkan mereka tanpa memberitahukan. Dengan berat hati, akan saya lakukan di hari yang pas.

Tanggal 17 Agustus

Saya melakukan pelarian dengan menunggang salah satu kuda milik kerajaan Soya. Saya pacu kuda sampai ke puncak gunung. Keindahan **Teluk** Ambon tidak dapat menghapus rasa sedih. Untuk sementara, saya tinggal di puncak gunung ini.

Tanggal 22 Agustus

Tepat di hari kelima dalam pelarian, pasukan kerajaan Soya menemukan saya. Mereka mengajak saya untuk kembali atas perintah raja. Saya sampaikan kepada mereka betapa malunya keadaan diri yang sudah tidak **berharga** ini namun mereka tetap meminta saya untuk kembali. Ketika salah satu dari mereka menarik tangan saya, secara tiba-tiba tubuh saya menghilang secara misterius.

Sejak saat itu, orang suka menyebut Nenek Luhu, makhluk yang muncul ketika hujan besar datang dan mengganggu anak-anak.

❖ ❖ ❖

Discussion Questions

1. What kind of relationship does a grandmother usually have with her grandchildren? Is the relationship usually positive or not? Explain.
2. What should a country do to establish good relations with another country? Give at least two examples.
3. Who is to blame for an unwanted pregnancy? Who should take responsibility? Is it fair to punish the pregnant woman, especially in the case of rape?

Cultural Notes

1. The legend of Ta Ina Luhu comes from Ambon, often used as a synonym for the province where it is located, the Moluccas (or Maluku in Indonesian). The Moluccas was a single province until the turn of the twenty-first century when sectarian fighting between Christians and Muslims caused great social upheaval.

2. The province of **Maluku Utara** (North Moluccas) was created in 2003. A map of the area will show the Luhu peninsula, which presumably is where the Luhu kingdom reigned. Ta Ina Luhu was taken to Ambon on the island just to the south, which is now the provincial capital.

3. There is a long Dutch colonial history in Maluku, seen in the high percentage of Christian inhabitants and cultural artefacts such as food, traditional dress and the Dutch language, especially among older generations.

4. Prior to Indonesia becoming a unitary republic in late 1949, the South Moluccas formed a breakaway Republic of the South Moluccas (**Republik Maluku Selatan** or **RMS**). This was defeated by the unitary Republic forces in 1950, after which thousands of South Moluccans fled to the Netherlands. Unrest on the island of Seram was finally quelled in the mid-1960s.

Key Words

merebut to seize
berbudi luhur to have high moral values
beban burden
disibukkan to be kept busy
  (**menyibukkan** = to keep busy)
kenegaraan state

kitab book (especially a holy book)
mendampingi to accompany (someone)
berkewajiban to have the obligation, be obligated
berhalangan unable to
makmur prosperous

kejanggalan   awkwardness
menyebar   to spread out
mempersiapkan   to prepare
  (someone or something)
memerintahkan   to order
aparat   government agency
seksama   careful; carefully
berkeliaran   to roam around
séantero   throughout
serangan   attack
gerobak   barrow, cart
persenjataan   weapons
menangkap   to arrest, detain
memperisteri   to marry, make one's
  wife
panglima   commander

tidak sudi   unwilling
tidak senonoh   rude, impolite,
  undignified
jahanam   hellish
menyelinap   to sneak or slip out
menyamar   to masquerade, be in
  disguise
belakangan   recently
pelarian   escape
kenyamanan   comfort
membasahi   to wet
kemalangan   ill-fortune, bad luck
penyerang   attacker
merépotkan   to bother
teluk   bay

Comprehension Questions / Pertanyaan-pertanyaan

1. What three activities did Ta Ina Luhu do every day?
   Apakah tiga aktivitas sehari-hari yang biasanya dilakukan oleh Ta Ina Luhu?

2. Why was Ta Ina Luhu suspicious of the arrival of strangers in her country?
   Mengapa Ta Ina Luhu merasa curiga dengan kedatangan pengunjung asing yang datang ke negerinya?

3. What did the attackers want by taking Ta Ina Luhu to the island of Ambon?
   Apa yang diinginkan oleh para penyerang itu dengan membawa Ta Ina Luhu ke Pulau Ambon?

4. Why did the kingdom of Soya accept Ta Ina Luhu so warmly and let her stay in their land?
   Mengapa kerajaan Soya sangat menerima Ta Ina Luhu untuk tinggal di kerajaannya?

5. Why did Ta Ina Luhu feel ashamed to stay in the Soya kingdom?
   Mengapa Ta Ina Luhu merasa malu untuk tetap tinggal di kerajaan Soya?

6. Did King Soya's forces succeed in persuading Ta Ina Luhu to return to his kingdom? What happened?
   Apakah pasukan kerajaan Soya berhasil mengajak Ta Ina Luhu kembali ke kerajaannya? Apa yang terjadi?

Princess Tandampalik Lives Again!

An artistic performance by the New Celebes workshop in Makassar, South Sulawesi, presented a drama entitled 'Princess Tandampalik' in which roles were played by students from the South Sulawesi Institute of Arts and various guests from around the Indonesian archipelago. 'Princess Tandampalik' is a traditional story from Sulawesi that tells of the struggle of a beautiful princess recovering from a grave illness. Below is a review of the drama.

Review of the drama performance "Princess Tandampalik"
In colonial times, youth movements in Sulawesi were represented by the *Jong Celebes* Association or Young Sulawesi. A hundred years later, the youth of this island in Eastern Indonesia are still actively creative, producing a drama of Princess Tandampalik performed at the South Sulawesi Arts Building.

The play was performed over three nights, with a cast that changed slightly in each performance. On Saturday night, August 17, the King of Luwu was played by Pingkan Rotinsulu, Putri Tandampalik by Suci Reinda and the King of Bone by Tata Nursetiawan. Other prominent actors included Donny Darmawan as the Prince (Crown Prince of Bone).

The script, written by Andi Rachman and directed by M. Hasanuddin, tells the story of Princess Tandampalik who fought to recover from an infectious disease that affected her whole body. In order to recover, the princess was exiled by her father, the King of Luwu, and given only a *kris* as a sign that he would never forget her. During her exile, the princess meets her future husband, the Crown Prince of the Kingdom of Bone.

This story focuses on the role of Princess Tandampalik who is very persistent and honest in facing all the challenges against her. Thanks to her beauty, Princess Tandampalik receives a proposal from the King of Bone to marry his son, the Crown Prince. Suddenly, the princess experiences a grave illness which can spread to those around her. Because of her generous nature, Princess Tandampalik is willing to leave the kingdom in order to avoid an even greater disaster. The King of Luwu lets his daughter go with a heavy heart.

Putri Tandampalik Hidup Kembali!

*Sebuah **Pentas Seni** yang diselenggarakan oleh **sanggar** Celebes Baru di Makassar, Sulawesi Selatan, menyajikan sebuah pentas drama dengan judul 'Putri Tandampalik' yang **diperankan** oleh mahasiswa Institut Kesenian Sulawesi Selatan dan beberapa tamu dari **seantero** Nusantara. 'Putri Tandampalik' adalah sebuah cerita rakyat yang berasal dari Sulawesi yang mengisahkan perjuangan seorang putri cantik untuk sembuh dari penyakitnya yang berat. Berikut adalah **resensi** dari drama tersebut.*

Pementasan Drama "Putri Tandampalik"

Zaman penjajahan, gerakan pemuda di Sulawesi diwakili oleh Persatuan *Jong Celebes* atau Sulawesi Muda. Seratus tahun kemudian, pemuda-pemudi di pulau di kawasan timur Indonesia ini masih aktif **berkarya** dengan pentas drama Putri Tandampalik, yang **dipentaskan** di Gedung Kesenian Sulsel.

Lakon dipentaskan selama tiga malam, dengan daftar pemain yang sedikit berubah tiap kali pentas. Pada Sabtu malam, tanggal 17 Agustus, Raja Luwu diperankan oleh Pingkan Rotinsulu, Putri Tandampalik diperankan oleh Suci Reinda dan Raja Bone dimainkan oleh Tata Nursetiawan. Pemain lain yang menonjol termasuk Donny Darmawan sebagai Pangeran (Putra Mahkota Kerajaan Bone).

Naskah yang ditulis oleh Andi Rachman dan disutradarai oleh M. Hasanuddin ini mengisahkan tentang perjalanan hidup Putri Tandampalik yang berjuang untuk **sembuh** dari **penyakit menular** yang merusak seluruh tubuhnya. Untuk kesembuhannya, sang putri **diasingkan** oleh ayahandanya, Raja Luwu, dengan dibekali sebuah keris sebagai tanda bahwa dia tidak pernah dilupakan olehnya. Dalam pengasingannya, sang putri menemukan **jodohnya**, yaitu Putra Mahkota Raja Bone.

Kisah ini terfokus pada peran Putri Tandampalik yang sangat **gigih** dan jujur dalam menghadapi semua cobaan yang menghadangnya. Karena kecantikannya, Putri Tandampalik dilamar oleh Raja Bone untuk dinikahkan dengan putra mahkotanya. Secara tiba-tiba, Putri mengalami **sakit keras** yang dapat menular kepada orang-orang di sekelilingnya. Atas kebesaran hatinya, Putri Tandampalik bersedia untuk meninggalkan kerajaan agar tidak terjadi **malapetaka** yang lebih besar. Raja Luwu melepas sang putri dengan berat hati.

In exile, the princess's illness cures itself with the help of licks from a white buffalo, restoring her to her former beauty.

In the middle of her exile, the princess meets the Crown Prince of the Bone Kingdom who has lost his way. This meeting sows the seeds of love between the two of them.

This performance involves many actors who are able to create the atmosphere of times past when life was still simple. The language they use is easy for locals to understand, particularly with the occasional inclusion of words in the local language. Although none of the performers in this play are professionals, they are able to put on a convincing performance in line with their roles. For example, Suci Reinda is able to stir up the audience's emotions when showing how Princess Tandampalik laments her sudden illness.

Dalam pengasingan, penyakit sang putri sembuh dengan sendirinya berkat **jilatan-jilatan** kerbau putih sehingga kembali menjadi cantik seperti dulu.

Di tengah-tengah pengasingan, sang putri bertemu dengan Putra Mahkota Raja Bone yang sedang **tersesat**. Pertemuan ini menumbuhkan **benih-benih** cinta di antara keduanya.

Pentas ini melibatkan banyak pemain yang dapat menggambarkan suasana masyarakat jaman dulu yang masih **sederhana**. Bahasa yang digunakan mudah dipahami oleh masyarakat setempat, apalagi dengan **sisipan-sisipan** bahasa daerah. Sekalipun semua pemeran dalam pentas ini bukan dari kalangan pemeran profesional, semua pemeran mampu menampilkan **watak** yang sesuai dengan perannya. Sebagai contoh, Suci Reinda mampu **mengaduk-aduk** perasaan para penonton ketika menggambarkan Putri Tandampalik **meratapi** penyakitnya yang datang secara tiba-tiba.

In technical terms, the minimal make-up and costumes are appropriate to the setting of the story, which shows the daily lives of farmers, fisherfolk and government officials in a regional kingdom.

The stagecraft is also good. The stage resembles a typical kingdom, with basic props such as an entrance gateway and royal throne. Several pieces of stage equipment are put up and dismantled according to the scene being performed. The decorations are sufficient to help illustrate the desired atmosphere.

The lighting also adds to the atmosphere. Spotlights set up above the stage are used when necessary to illuminate the various scenes, especially when the Princess finally recovers from her illness. Moreover, the scattering of purple and green light gives a touch of mystery when Princess Tandampalik is exiled from her kingdom.

Naturally, performances at the regional level can still be developed further in the future. Deficiencies felt from the start of the show include the many actors who did not deliver their dialogue clearly. This does grate a little, and my suggestion for the future is that actors need to have microphones so that their dialogue can be more audible. However, in general, the play progresses well, scene by scene, without any jarring pauses. The audience is able to understand the climax of the story. All the actors appear well-rehearsed and serious.

This performance succeeds in creating a different atmosphere in the midst of modern society with all its logic and individuality. The play is able to introduce a realistic portrayal of life in the past complete with conflict, atmosphere and the social conditions. Watching the Putri Tandampalik drama is an interesting experience that can make the citizens of Makassar, and indeed South Sulawesi, proud.

✤ ✤ ✤

Secara teknis, tata rias dan kostum terasa cukup sesuai dengan latar belakang cerita, dengan **dandanan** seperlunya, menggambarkan keseharian sebuah kerajaan daerah sehari-hari seperti berpakaian petani, nelayan, dan pegawai kerajaan.

Tata panggung juga baik. Panggung dibuat **menyerupai** sebuah kerajaan lengkap dengan perlengkapan dasarnya seperti **gapura** masuk dan **singgasana** kerajaan. Beberapa peralatan panggung tampak dipasang dan dibongkar sesuai dengan **adegan** yang diperankan. Dekorasi yang dibuat mampu membantu menggambarkan suasana yang ingin diciptakan.

Tata lampu juga menambah suasana. Di bagian atas panggung dipasang lampu pijar yang digunakan sesuai dengan kebutuhan untuk menerangi adegan yang terjadi, terutama pada saat Sang Putri akhirnya sembuh dari penyakit. Sebaliknya, taburan cahaya lampu berwarna ungu dan hijau juga memberi nuansa misterius saat Putri Tandampalik diasingkan dari negerinya.

Tentu saja pementasan di tingkat daerah masih bisa dikembangkan ke masa depan. Kekurangan yang dapat dirasakan sejak awal dari pentas ini adalah banyaknya pemeran yang tidak lantang dalam menyampaikan dialognya. Ini sedikit mengganggu, dan saran saya ke depan adalah agar para pemain perlu diberikan mikrofon agar dialog yang dilakukan lebih mudah untuk didengarkan. Namun pada umumnya **adegan** demi adegan berjalan dengan baik tanpa ada **jeda** yang mengganggu. Para penonton dapat mencerna klimaks dari cerita ini dengan baik. Seluruh pemain tampak terlatih dan serius.

Pentas ini mampu menghadirkan suasana yang lain di tengah-tengah masyarakat modern yang serba logis dan individual. Pentas ini mampu memperkenalkan realitas kehidupan di masa lalu lengkap dengan konflik, suasana, dan situasi masyarakatnya. Menonton pentas drama Putri Tandampalik merupakan pengalaman yang menarik dan bisa membangkit rasa bangga pada warga kota Makassar, bahkan Sulawesi Selatan.

❖ ❖ ❖

Discussion Questions

1. In your culture, what role, if any, do parents play in choosing a life partner for their children? Explain.
2. What are the advantages and disadvantages of arranged marriages?
3. When you read a review of a film or a performance, what do you expect to find out? What are the key elements of a review?

Cultural Notes

1. The story of Princess Tandampalik comes from Sulawesi, the K-shaped island in Eastern Indonesia. Sulawesi's unique shape is the result of the convergence of three tectonic plates, which also makes it highly vulnerable to earthquakes. The flora and fauna of Sulawesi are also unique as a result of this volcanic activity, not to mention the various ethnic groups inhabiting the island.

2. In Dutch times, the island was known as Celebes. Of special note are the Toraja people who build distinctive houses with rooftops shaped like buffalo horns. Sulawesi is a religiously diverse island with Muslims, Christians and Catholics spread across its six provinces.

3. Princess Tandampalik purportedly resides in the south, where the Buginese and Makassarese ethnic groups dominate. Both are famed for their ocean-going prowess: Bugis Street and Bugis Junction in Singapore are named after the former. The latter ethnic group also sailed far and wide, even as far as the shores of Australia, where they established trade links with local indigenous peoples along the northwest coast, as they have traditionally fished for sea slugs (**teripang**).

4. Under the New Order regime of President Suharto, the capital of South Sulawesi, Makassar, became known as Ujung Pandang. It is thought that Ujung Pandang was chosen because it was a neutral name and did not refer to a particular ethnic group. Not long after Suharto's fall in 1998, Ujung Pandang reverted to its former name, Makassar. Interestingly, Suharto was succeeded by B. J. Habibie, who was born in Pare-pare in South Sulawesi but whose father was from Gorontalo, a Muslim area on Sulawesi's northern peninsula, south of Manado.

Key Words

pentas seni   artistic performance, play

sanggar   (artistic) workshop (lit. "nest")

diperankan   played by (**memerankan** = to play the role of)

séantero   whole

résénsi, ulasan   review

berkarya   to produce or create work (esp. of art)

dipentaskan   put on, performed (**mementaskan** = to put on, perform)

lakon   play

sembuh   to recover, get well

penyakit menular   contagious or infectious disease

diasingkan   exiled (**mengasingkan** = to exile)

jodoh   life partner

gigih   persistent

sakit keras   gravely ill, grave illness

malapetaka   calamity, disaster

jilatan   lick

tersesat   lost (their way)

benih   seed

sederhana   humble, simple

sisipan   insertion

watak   characteristic

mengaduk-aduk   to stir up

meratapi   to lament

dandanan   make-up

menyerupai   to resemble, look like

gapura   gateway, entrance

singgasana   throne

adegan   scene

jeda   pause

Comprehension Questions / Pertanyaan-pertanyaan

1. What did the Young Celebes group do in order to commemorate the anniversary of Indonesia's independence?
   Apa yang dilakukan oleh grup Jong Celebes dalam rangka memperingati hari ulang tahun Republik Indonesia?

2. Why was Princess Tandampalik exiled by her parents?
   Mengapa Putri Tandampalik diasingkan oleh orangtuanya?

3. How was the Crown Prince of Bone Kingdom able to meet Princess Tandampalik?
   Bagaimana Putra Mahkota Kerajaan Bone bisa bertemu dengan Putri Tandampalik?

4. Why was the audience stirred while watching this dramatic performance?
   Mengapa perasaan penonton diaduk-aduk ketika menyaksikan pertunjukkan drama ini?

5. What did the reviewer like about the stage decorations in the show?
   Apa yang disukai penulis resensi dari hiasan panggung pertunjukkan drama ini?

Sangkuriang, the Legend
of Tangkuban Parahu Volcano

The city of Bandung in West Java is surrounded by mountains. This is the home of the Sundanese people, the original inhabitants of the western part of Java. Their language and culture are related to but different from the Javanese who inhabit the center and east of the island. One particularly special mountain, Tangkuban Parahu (Upturned Boat), lies north of the city of Bandung. Tangkuban Parahu is an active volcano and a popular destination for visitors to Bandung. The story of its origin is perhaps the most famous in Sundanese mythology, and echoes the ancient Greek story of Oedipus. One version of the story is as follows:

Once upon a time, in a jungle, there lived a beautiful princess named Dayang Sumbi, who was in love with a black dog called Tumang.

Not long after their wedding, a child, named Sangkuriang, was born, who grew up to be funny, healthy and clever. Sangkuriang never knew that Tumang, the dog, who always stayed faithfully by his side, was actually his father. Seeing how close her husband and son were, Dayang Sumbi loved both of them even more. Despite this, she never thought to tell Sangkuriang who Tumang really was.

Dayang Sumbi was happy when, one day, Sangkuriang said that he was going to hunt deer with Tumang. "My son knows how much I love deer kidney!" she said.

They were gone for several days. When Sangkuriang reappeared, Dayang Sumbi hugged him, overjoyed, and quickly took the deer kidney he had brought as a sign of her appreciation for his efforts to make her happy.

Dayang Sumbi was aware that Tumang did not come home with Sangkuriang. She quickly asked Sangkuriang where Tumang was. Sangkuriang seemed reluctant to explain why Tumang had not come home with him after hunting deer in the forest. Dayang Sumbi became even more curious and worried listening to Sangkuriang's explanation.

Sangkuriang,
Legenda Gunung Tangkuban Parahu

Kota Bandung, di propinsi Jawa Barat, terkurung gunung. Kota Bandung merupakan kampung halaman orang Sunda, penghuni asli bagian barat pulau Jawa. Bahasa dan budaya Sunda mirip tetapi berbeda dengan orang Jawa yang menghuni bagian tengah dan timur pulau Jawa. Salah satu gunung yang berbentuk khas, Tangkuban Parahu (Perahu Terbalik) terletak di bagian utara kota Bandung. Tangkuban Parahu adalah gunung api aktif yang menjadi obyek wisata yang populer bagi pengunjung kota Bandung. Kisah asal-usulnya mungkin merupakan legenda paling terkenal di mitologi Sunda, dan mengingatkan pada kisah Oedipus di kebudayaan Yunani. Salah satu versi cerita adalah sebagai berikut:

Dahulu kala, di sebuah hutan belantara, hiduplah seorang putri cantik bernama Dayang Sumbi yang saling bercinta dengan seekor anjing hitam bernama Tumang.

Tidak lama setelah pernikahannya, lahirlah seorang anak yang bertumbuh dengan sangat lucu, sehat dan pintar, bernama Sangkuriang. Sangkuriang tidak pernah tahu kalau Tumang, sang anjing, yang selalu menemaninya, adalah ayahnya sendiri. Melihat kedekatan antara suami dan anaknya, Dayang Sumbi semakin mencintai mereka berdua. Walau demikian, Dayang Sumbi tidak pernah berpikir untuk memberitahukan Sangkuriang tentang siapa Tumang sebenarnya.

Dayang Sumbi senang ketika Sangkuriang bercerita kalau dia sudah mengajak Tumang akan berburu rusa. "Anakku tahu betul kalau aku sangat suka daging hati rusa!" tukasnya.

Mereka pergi berhari-hari. Ketika Sangkuriang muncul dalam pandangannya, Dayang Sumbi merangkulnya gembira. Daging hati rusa yang dibawa Sangkuriang cepat-cepat diambil untuk menunjukkan tanda penghargaan atas usahanya menyenangkan dirinya.

Dayang Sumbi tersadar bahwa pulangnya Sangkuriang tidak disertai Tumang. Cepat-cepat dia bertanya kepada Sangkuriang di mana Tumang. Sangkuriang tampak **segan** untuk menceritakan mengapa Tumang tidak ikut pulang setelah berburu rusa di hutan. Dayang Sumbi semakin penasaran dan khawatir mendengar penjelasan Sangkuriang.

Sangkuriang explained that he had experienced great difficulty in catching the deer he had promised her. Sangkuriang ordered Tumang to chase the deer but he was unable to catch it. In anger, Sangkuriang released all his disappointment at Tumang's failure to catch the deer as if it were Tumang's fault. An evil thought entered Sangkuriang's heart. He fired a sharp arrow at Tumang and took the dog's kidneys to give to Dayang Sumbi.

Dayang Sumbi was shattered at hearing this story. Without thinking, she hit Sangkuriang's head with a branch from a nearby tree, screaming hysterically. She threw him out and forbade him from returning to her. Sangkuriang left, with no clear destination in mind, regretting his action and holding his head, which was badly injured.

Sangkuriang bercerita bahwa dia sangat kesulitan berhasil menangkap rusa sebagaimana dia janjikan. Sangkuriang menyuruh Tumang untuk mengejar rusa namun tetap tidak berhasil menangkapnya. Sangkuriang tumpahkan segala kekesalannya atas ketidakberhasilannya menangkap rusa kepada Tumang seolah Tumanglah penyebab kegagalan ini. Pikiran buruk merasuki hati Sangkuriang. Dia **tancapkan** panah tajam ke arah Tumang dan mengambil hati anjing itu untuk diberikan kepada Dayang Sumbi.

Perasaan Dayang Sumbi sangat hancur mendengar cerita ini. Tanpa berpikir panjang, dia **benturkan** kepala Sangkuriang pada batang pohon yang di dekatnya sambil berteriak-teriak histeris. Dayang Sumbi mengusir Sangkuriang dan melarangnya kembali kepadanya. Sangkuriang pergi tanpa tujuan sambil menyesali perbuatannya dan memegangi luka di kepala yang cukup serius.

He went to live in the forest. There, he was looked after by an old hermit, who fed him and brought him up. Several years later, Sangkuriang had grown into a handsome, powerful young man who wandered from place to place seeking knowledge. One day, without being aware of it, he set foot in the place where he had been brought up by his mother all those years ago. His heart jumped when he saw an attractive woman. He did not know that the woman was Dayang Sumbi, his own mother, who was still beautiful.

Dayang Sumbi also felt a similar attraction to Sangkuriang. They began to meet often, chatting together like two lovers. Dayang Sumbi did not refuse Sangkuriang when he said he wanted to marry her.

However, she was shocked when she saw an old wound on his head. The wound convinced her that Sangkuriang was her son! It would be impossible to marry her son, but it would also be very hard to break the promise that she had made to marry him.

So Dayang Sumbi set a certain condition that Sangkuriang had to fulfill if he wanted to marry her. Dayang Sumbi wanted a huge wooden boat made in just one night! This was with the hope that Sangkuriang would not be able to succeed. Sangkuriang agreed to the condition.

With his magic powers, Sangkuriang worked hard to make the boat before dawn broke. He brought along special creatures from the forest to help him. Dayang Sumbi was very worried and thought hard of a way to make sure he would fail, praying constantly.

In her prayers, Dayang Sumbi found inspiration. Quickly, she took a pestle from the kitchen and started hitting it as hard as possible against the mortar. The strange creatures helping Sangkuriang were scared to hear the noise and ran away, leaving their work unfinished. They thought that dawn was breaking! They were nocturnal creatures that were scared of daylight.

Angry, Sangkuriang felt he had failed because the strange creatures were not helping him. So he kicked the almost finished wooden boat away. It landed upside-down. The boat changed into a mountain that is now called *Tangkuban Parahu*, or Upturned Boat, in the language of the Sundanese people of Bandung.

Dia pergi tinggal di hutan. Di sana dia diasuh, diberi makan dan dibesarkan oleh seorang **petapa** tua. Beberapa tahun berikutnya Sangkuriang berubah menjadi seorang pemuda yang tampan dan sakti berkelana dari satu tempat ke tempat untuk mencari ilmu pengetahuan. Suatu hari, tanpa dia sadari, dia sedang melangkahkan kaki ke tempat dia dibesarkan oleh Ibunya bertahun-tahun lalu. Hatinya **bergejolak** ketika melihat seorang perempuan yang sangat memesona. Tanpa dia sadari, perempuan yang dia lihat adalah Dayang Sumbi, ibunya sendiri yang tetap cantik.

Dayang Sumbi pun merasakan birahi yang sama terhadap Sangkuriang. Mereka pun sering bertemu dan saling bercengkrama layaknya dua manusia yang sedang jatuh cinta. Dayang Sumbi tidak menolak sedikit pun ketika Sangkuriang mengatakan ingin menikahinya.

Namun, dia kaget melihat bekas luka di kepala Sangkuriang. Luka tersebut meyakinkannya bahwa Sangkuriang adalah anaknya! Tidak mungkin bagi dia untuk menikahi seorang anak, tapi terlalu berat juga untuk ingkar janji dengan apa yang sudah disepakatinya untuk menikahinya.

Maka pada pertemuan berikutnya, Dayang Sumbi menyampaikan syarat yang harus dipenuhi oleh Sangkuriang kalau ingin menikahinya. Dayang Sumbi ingin dibuatkan sebuah perahu kayu besar dalam satu malam saja! Dengan harapan, Sangkuriang tidak akan dapat melakukan syarat ini. Sangkuriang setuju dengan syarat ini.

Dengan kesaktiannya, Sangkuriang bekerja keras membuat perahu tersebut sebelum fajar datang. **Makhluk-makhluk** asing dari hutan dikerahkan untuk membantunya. Dayang Sumbi sangat khawatir dengan hal ini dan berpikir keras untuk menggagalkan usaha Sangkuring sambil terus berdoa.

Dalam doanya Dayang Sumbi mendapat ilham. Dia cepat-cepat meniru suara ayam **berkokok** sekencang-kencangnya. Maka, ketika mahluk-mahluk asing yang membantu Sangkuriang mendengar suara tersebut, mereka lari meninggalkan pekerjaannya yang belum selesai. Mereka pikir fajar telah tiba! Mereka adalah makhluk malam yang takut dengan siang.

Sangkuriang marah dan merasa pekerjaannya akan gagal karena tidak dibantu oleh mahluk-mahluk asing itu. Maka dia **tendang** perahu kayu yang hampir selesai itu dan jatuh dengan posisi terbalik. Perahu itu kini berubah menjadi sebuah gunung yang dinamakan Gunung Tangkuban Parahu, atau 'perahu terbalik' dalam bahasa Sunda yang digunakan oleh orang Bandung.

❖ ❖ ❖

Discussion Questions
1. What do we do to make our parents happy?
2. Why are there taboos on romantic relationships and marriages within families?
3. Is it acceptable to cheat if you know you are going to lose? When and why?

Cultural Notes
1. There are many versions of this short story. In some, Dayang Sumbi hits Sangkuriang with a pot. In others, there is more detail about Sangkuriang's time in the forest. There is also a version in which Sangkuriang is not helped by magical creatures but in which Dayang Sumbi waves white sheets to trick Sangkuriang into thinking that dawn has broken and his time is up.

2. The inclusion of elements such as the mortar and pestle, cooking pot and forest show that these were important features in the lives of the local people.

3. This story predates the arrival of Islam in the region, which occurred in the sixteenth century. It is interesting that in pre-Islamic times, when Hinduism and local beliefs flourished, dogs were not considered unclean and were even acceptable enough to marry—although marriage to one's own child was not.

4. The story may also highlight the value of a dog in those times as a hunting companion and a part of the household.

Key Words
dahulu kala   long ago
segan   reluctant
benturkan, membenturkan   to hit
tancapkan, menancapkan   to stick into
petapa   hermit
bergejolak   to leap about, jump about
berkokok   to crow (of a rooster)
makhluk   creature
tendang   kick

Comprehension Questions / Pertanyaan-pertanyaan

1. Why did Sangkuriang kill Tumang?
   Mengapa Sangkuriang tega membunuh Tumang?

2. What do you think Tumang thought about Sangkuriang just before he was killed?
   Bagaimana pendapat Tumang tentang Sangkuriang sebelum dia dimatikan?

3. Do you think a mother would fail to recognize her son, as Dayang Sumbi first did? Explain your answer.
   Apakah mungkin seorang anak tidak bisa mengenali ibunya, seperti Sangkuriang? Jelaskan pendapatmu.

4. Why did the magical creatures from the forest leave their work before it was completed?
   Mengapa makhluk-makhluk dari hutan pergi meninggalkan pekerjaannya sebelum selesai?

5. How do you think this story about a taboo on parents marrying their children arose?
   Bagaimana cerita ini tentang larangan orang tua menikahi anak kandung, berkembang?

Princess Mandalika's Decision

Princess Mandalika is a story from Lombok. Because of her beauty, Princess Mandalika received many proposals from various kingdoms offering their princes as her husband. This was a very difficult decision for Princess Mandalika. One day, Princess Mandalika gathered all the candidates to listen to her decision. Below is the text describing Princess Mandalika's official decision about whom she chooses to become her husband.

OFFICIAL STATEMENT FROM
THE KINGDOM OF TONJANG BERU

Regarding:
Making a Decision on the Selection of a Life Partner for Princess Mandalika

The undersigned is myself, Princess Mandalika, in the presence of my father the king, the royal family and guests of honor who have all sent proposals of marriage to my humble self. In my own name and that of the kingdom, I hereby make a decision regarding the marriage proposals made as stated above.

I hope that my decision will be accepted by all sides. I know that each time a decision is made, it will not, of course, satisfy all parties. To this end, if there is anyone among you here today who feels dissatisfied with this decision, I ask for the greatest forgiveness. I request the audience listen carefully to my decision:

Considering:
A. That King Tonjang Beru and his wife Princess Dewi Seranting have received many requests to strengthen inter-kingdom relations through matchmaking their princes with the princess;
B. Princess Mandalika has already reached a sufficient age to have a life partner in accordance with her own wishes;
C. Princess Mandalika has the right to choose who will become her life partner;

Keputusan Putri Mandalika

Putri Mandalika adalah sebuah cerita yang berasal dari Lombok. Karena parasnya yang sangat cantik, Putri Mandalika mendapat banyak lamaran dari berbagai kerajaan yang menawarkan pangerannya untuk dijadikan suami. Hal ini sangat menyulitkan raja dan Putri Mandalika untuk membuat keputusan. Suatu hari Putri Mandalika mengumpulkan semua pelamar untuk mendengarkan keputusannya. Berikut adalah teks yang menggambarkan keputusan Putri Mandalika secara resmi tentang siapa yang akan dipilihnya untuk menjadi suaminya.

SURAT KEPUTUSAN KERAJAAN TONJANG BERU

Tentang:
Pengambilan Keputusan Pemilihan Pendamping Hidup Putri Mandalika

Yang **bertandatangan** di bawah ini adalah saya pribadi, Putri Mandalika, dengan ini di hadapan ayahanda raja, keluarga besar kerajaan dan para tamu kehormatan yang sama-sama bermaksud untuk meminang diri **hamba**. Saya atas nama pribadi dan kerajaan dengan ini membuat keputusan berkenaan dengan **pinangan** yang diajukan sebagaimana disampaikan di atas.

Saya berharap, apa yang menjadi keputusan saya ini dapat diterima oleh semua pihak. Saya tahu bahwa setiap sebuah keputusan dibuat, tentu tidak akan dapat memuaskan semua pihak. Untuk itu, bilamana ada di antara hadirin sekalian yang merasa tidak puas dengan putusan ini, saya meminta maaf yang sebesar-besarnya. Saya mohon kepada hadirin untuk **menyimak** apa yang menjadi keputusan saya ini:

Menimbang:
A. Raja Tonjang Beru beserta istrinya Permaisuri Dewi Seranting telah banyak mendapatkan permintaan untuk memperkuat hubungan antar kerajaan dengan cara **menjodohkan** masing-masing pangeran dan putrinya;
B. Putri Mandalika sudah mencapai usia yang cukup untuk mendapatkan pendamping hidup yang sesuai dengan kehendak hatinya;
C. Putri Mandalika mempunyai **hak** yang penuh untuk memilih siapa yang akan menjadi pendamping hidupnya.

D. Sooner or later, Princess Mandalika will occupy the seat of power in the Tonjang Beru kingdom after His Royal Highness the King passes away, or has a permanent disability.

Noting:
A. The proposal made by the King of Johor for Princess Mandalika's hand to become the wife of his eldest son.
B. The letter of trust from the Pané Kingdom which greatly admires Princess Mandalika's beauty and has the intention of marrying off its crown prince.
C. The envoy from the Daha Kingdom which has expressed its wish to bring the two kingdoms closer together by marrying off the eldest son of the King to Princess Mandalika.
D. The dispatch of two carts of crops from the Lipur Kingdom as a sign of their serious intent to share riches if their crown prince can be married to Princess Mandalika.

D. Cepat atau lambat, Putri Mandalika akan menjadi pemegang **kekuasaan** di Kerajaan Tonjang Beru setelah Sang Raja **mangkat** atau berhalangan tetap.

Memperhatikan:
A. **Lamaran** yang dilakukan oleh Raja Johor untuk mempersunting Putri Mandalika untuk dijadikan istri dari pangeran tertuanya.
B. **Layangan** surat kepercayaan dari Kerajaan Pane yang sangat mengagumi kecantikan Putri Mandalika dan berniat untuk menikahkan putra mahkotanya.
C. **Utusan** dari Kerajaan Daha yang menyampaikan kehendaknya untuk lebih mendekatkan kedua kerajaan dengan cara menikahkan putra sulung sang raja dengan Putri Mandalika.
D. Kiriman dua gerobak **hasil bumi** dari Kerajaan Lipur sebagai tanda keseriusan untuk berbagi kekayaan bilamana putra mahkotanya dapat dinikahkan dengan Putri Mandalika.

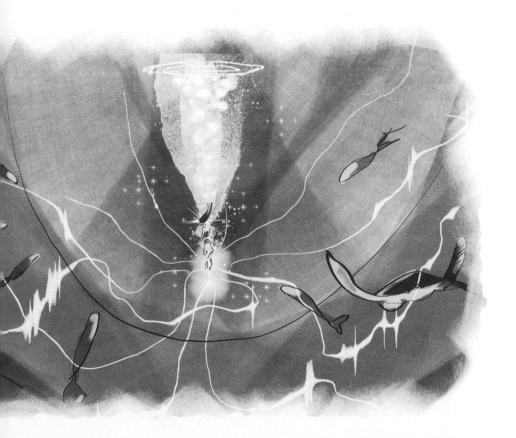

E. The Crown Prince of the Kuripan Kingdom who came directly to ask for Princess Mandalika's hand in marriage.
F. The envoy from the Beru Kingdom who brought a message from their king to marry Princess Mandalika in relation to his queen passing away some time ago.
G. The desire of a large part of the people of the kingdom who wish to see Princess Mandalika, whom they greatly admire and love, married.

Hearing:
A. Advice from royal advisors who suggested the importance of forging better relations with neighboring nations.
B. The vision which Princess Mandalika had after meditating for several days in order to face this situation where she has many requests for her hand in marriage from neighboring kingdoms.
C. Noting natural phenomena as has been done by our ancestors when determining a big decision.

Bearing in mind:
A. Royal regulations stipulating that if a descendant of the king, in this case the princess, is already of age, they are obliged to undertake a marriage as agreed to by the king;
B. The king has the right to make efforts to find a suitable partner for the princess through matchmaking with princes from other kingdoms;
C. Although the king has the right to find a partner for the princess, the princess has the right to decide whether or not she approves of the king's choice. The princess must state her reasons, which must be accepted in front of the royal court.

E. Putra Mahkota dari Kerajaan Kuripan yang datang secara langsung untuk **melamar** Putri Mandalika.

F. Utusan Kerajaan Beru yang menyampaikan pesan dari rajanya untuk menikahi Putri Mandalika sehubungan permaisurinya yang telah wafat beberapa waktu lalu.

G. Keinginan sebagian besar rakyat kerajaan yang ingin segera melihat pernikahan Putri Mandalika yang sangat mereka kagumi dan dicintainya.

Mendengarkan:

A. **Nasihat** dari para penasehat raja yang menyarankan tentang pentingnya menjalin hubungan yang lebih baik dengan negara tetangga.

B. **Wangsit** yang didapatkan oleh Putri Mandalika setelah melakukan **semedi** beberapa hari dalam menghadapi situasi terakhir sehubungan dengan banyaknya permintaan untuk meminang dirinya dari kerajaan tetangga.

C. Memperhatikan petunjuk alam sebagaimana yang dilakukan oleh leluhur dalam menentukan suatu keputusan yang besar.

Mengingat:

A. Aturan kerajaan yang menetapkan bahwa bilamana **keturunan** raja, dalam hal ini putri raja, sudah mencapai umur wajib untuk melakukan pernikahan yang disetujui oleh raja;

B. Raja mempunyai hak untuk melakukan usaha dalam pencarian **pasangan** untuk sang putri dengan cara penjodohan dengan pangeran dari kerajaan lain;

C. Sekalipun raja mempunyai hak untuk untuk mencarikan jodoh untuk putrinya, sang putri mempunyai hak untuk memutuskan apakah **menyetujui** atau tidak dengan pilihan raja. Sang putri harus menyampaikan alasan-alasannya yang dapat diterima di depan **mahkamah** kerajaan.

Decides:

A. The Kingdom of Tonjang Beru is home to the princess. The peace of the Tonjang Beru kingdom is the main priority of the supreme council when Princess Mandalika makes a decision.

B. The peaceful situation of the Tonjang Beru kingdom, both directly and indirectly, greatly depends on good relations with neighboring kingdoms, including relations with kingdoms who have put forward marriage proposals for the princess.

C. Princess Mandalika has decided to use her right as indicated in the "Bearing in mind" section, clause C.

D. As a result, Princess Mandalika has decided, with a heavy heart, to choose all the princes who proposed to her for the sake of mutual peace and stability.

E. Soon after this statement of decision is read aloud, I, Princess Mandalika will throw myself into the sea and become thousands of seaworms spreading into the seas of the region where the kingdoms who have proposed to me lie, so that my body and soul can embrace all kingdoms. Use these worms for the welfare of the people of all these kingdoms.

F. This decision comes into force from the date stated and is made in sound mind.

Declared at Seger Beach, Kuta Beach, Lombok, before members of the royal family, the people (of Tonjang Beru) and royal guests of honor.

Date: November 1200
Princess Mandalika
Princess of Tonjang Beru kingdom

❖ ❖ ❖

Memutuskan:

A. Kerajaan Tonjang Beru adalah rumah bagi sang putri. **Ketenteraman** kerajaan Tonjang Beru menjadi prioritas utama bagi Putri Mandalika dalam mengambil keputusan ini.

B. Ketenteraman kerajaan Tonjang Beru baik secara langsung atau pun tidak sangat tergantung pada hubungan yang baik dengan kerajaan-kerajaan tetangganya, termasuk dengan kerajaan-kerajaan yang mengajukan permintaan pinangan terhadap sang putri.

C. Putri Mandalika memutuskan untuk mempergunakan haknya sebagaimana yang **tertuang** dalam pasal 'Mengingat' ayat C.

D. Oleh karenanya, Putri Mandalika memutuskan, dengan berat hati, untuk memilih semua pangeran yang meminangnya demi ketenteraman bersama.

E. Sesaat setelah surat keputusan ini dibacakan, saya, Putri Mandalika akan menceburkan dirinya ke dalam laut. Dirinya akan menjelma menjadi ribuan cacing nyale yang menyebar di lautan kawasan kerajaan yang meminangnya, sehingga **jiwa dan raganya** saya bisa **merangkul** seluruh kerajaan. Gunakan cacing-cacing tersebut untuk kesejahteraan rakyat dari semua kerajaan yang ada.

F. Keputusan ini berlaku pada tanggal ditetapkan dan dibuat dengan penuh **kesadaran**.

Ditetapkan di Pantai Seger - Pantai Kuta Lombok, di hadapan anggota kerajaan, rakyat dan tamu kehormatan kerajaan.

Pada tanggal: November 1200
Putri Mandalika
Putri Kerajaan Tonjang Beru

Discussion Questions

1. Nowadays, in your culture, how does a woman choose a husband?
2. Why have many royal families in the past married for "strategic" reasons?
3. When do we use official statements? What is special about the way they are written?

Cultural Notes

1. The legend of Princess Mandalika comes from Lombok, an island east of Bali and west of Sumbawa in the Lesser Sunda chain (known as **Nusa Tenggara** in Indonesian). Unlike Bali, Lombok is largely Muslim, as is Sumbawa to the east. The inhabitants of the rest of this chain of islands are predominantly Christian or Catholic.

2. While still in the shadow of Bali, Lombok is becoming a tourist destination in its own right. The three "Gilis" (Gili Air, Gili Meno and Gili Trawangan) attract many foreign and local visitors. *Gili* actually means "island" in the local Sasak language. There are also efforts to develop the southern part of Lombok, known as the Mandalika project, for tourism. The construction of a new airport in the center of the island, at Praya, was designed to help facilitate this.

3. The legend of Princess Mandalika turning herself into sea-worms (known as *nyalé*) is commemorated every February when the Nyalé festival takes place. In this ceremony, people go down to the sea to catch sea-worms which are then cooked and eaten.

4. In some ways, Princess Mandalika can be seen as a feminist, because she chose to select her own husband in a patriarchal society. Her solution to the problem also reflects consensus and the idea of sharing so that everyone benefits, which is considered important in decision-making in Indonesia.

Key Words

pendamping hidup   life partner
bertandatangan   signed (of a
  document), to have a signature
hamba   I, humble self (very polite
  form of **saya**, first person)
pinangan   marriage proposal
menyimak   to listen very carefully
menjodohkan   to match; matchmaker
hak   right
kekuasaan   authority, power
mangkat   passed away, died (of a
  noble person)
lamaran   proposal
layangan   mail, sending of letter
mahkota   crown

utusan   envoy
hasil bumi   crops
melamar   to propose
nasihat   advice
wangsit   vision, message
semedi   meditation
pasangan   partner
menyetujui   to approve
mahkamah   supreme court or council
ketenteraman   peace, harmony
tertuang   as written, as indicated (lit.
  "poured out")
jiwa dan raga   body and soul
kesadaran   awareness
sutradara   director

Comprehension Questions / Pertanyaan-pertanyaan

1. Give at least three reasons why many princes wanted to ask for Princess
   Mandalika's hand in marriage.
   **Sebutkan setidaknya tiga alasan mengapa banyak pangeran ingin
   meminang Putri Mandalika menjadi istrinya.**

2. In their decision, why did the royal advisors prioritize relations with
   neighboring kingdoms? Explain.
   **Mengapa para penasehat raja mementingkan hubungan dengan kerajaan
   tetangga dalam keputusannya? Jelaskan.**

3. Why was the king's decision not absolute in determining a husband for
   Princess Mandalika?
   **Mengapa keputusan raja tidak bersifat absolut dalam menentukan jodoh
   untuk Putri Mandalika?**

4. Who benefited most from Princess Mandalika's decision? Why?
   **Siapa yang paling diuntungkan dengan keputusan Putri Mandalika ini?
   Jelaskan?**

5. Do you think Princess Mandalika's decision was wise? Why?
   Apakah menurutmu keputusan Putri Mandalika bijaksana? Mengapa?

Indonesian-English Glossary

A

abang older brother (in Betawi/Malay culture)

abu ash

adegan scene

air bah floodwaters

ajaib amazing

akik agate

alam nature, the natural world

alangkah how …!

algojo executioner

alu lesung mortar and pestle

amat very, greatly

aparat government agency

arus current

Ayahanda Father (the **-anda** prefix makes it very formal, or personal)

B

Babah Father (Hokkien dialect)

bagai like, in the shape of

bahaya danger

bait line (of a poem)

baja steel

bakul basket of rice, large communal bowl

bangsawan aristocrat, member of the royal family

barang bukti evidence

barangkali perhaps, maybe

basa-basi pleasantries, small talk

batu bolong hollow rock, (can be) a blowhole

batu kapur limestone, calcium

beban burden

bekal (supply of) food

belaka pure, simple, nothing more than that

belakangan recently

belantara jungle

beliau he, she (respectful form of **dia**)

belut eel

bendéra flag

benih seed

bensin petrol, gas

bénténg walls, forts

beragam variety, diverse

beranak-pinak to have (a wife and) children

berbakti to be faithful or loyal to

berbuah pahit to end sadly (lit. "to bear bitter fruit")

berbudi luhur to have high moral values

berbunga-bunga happy, joyful

berburu to hunt, go hunting

bercengkrama to have a conversation

bercita-cita to have a dream, dream of

bercucuran to trickle

bergejolak to leap about, jump about

berhalangan to have an obstacle, be unable to

berhamburan to scatter; scattered

berharga valuable

berjudi to gamble

berkarya to produce or create work

berkat thanks to, as a result of

berkelana to dart around, play, travel

berkeliaran to roam around

berkepanjangan to be drawn-out, overly long

berkewajiban to have the obligation, be obligated

berkibar to flutter

berkokor to crow (of a rooster)

berkuasa to be powerful, in power

berlimpah to be abundant

berlogat to have an accent, accented

berparas cantik to have a beautiful face

bersemedi to meditate

bersenda gurau to joke around

bersikeras   to insist

bersilat   to do traditional self-defense (**silat**)

bersorak gembira   to shout with joy

bersujud   to prostrate oneself on hands and knees

bersumpah   to swear (an oath)

bertandatangan   to be signed, to have a signature

beruntung   to be lucky, fortunate

berurusan   to deal with

betapa   how, to what extent

bibir pantai   water's edge (lit. "lips of beach")

bijak, bijaksana   wise

bontot   youngest (child)

buaya   crocodile

budayawan   cultural figure

budiman   wise, good, kind

bukan kepalang   indeed

bundar   round

C

cagar alam   conservation zone, conservation reserve

candaan   a joke

canggung   awkward

catu   a small bowl used to measure a serving of rice

cekatan   clever, good at something

cemburu   jealous

cemoohan   (negative) remark or comment

cempaka   magnolia

cendrawasih   bird of paradise

céngkéh   cloves

centéng   bodyguard

cobaan   trial, challenge

D

dahaga   thirst

dahan   branch, bough

dahulu kala   long ago

dandanan   make-up

dasar   foundation, base

datang bulan   (menstrual) period

dayang   handmaid, maidservant

demi   for the sake of

demikian   like that, in that way

dua sejoli   two lovers

dunia lain   other world, spirit world, other dimension

duniawi   worldly

durhaka   treacherous

E

engkau   you (esp. in Sumatra or Malay-speaking areas, synonym for **kamu**)

entah (…, entah …)   whether (…, or …)

erat   close, tight

F

fatal   serious (not necessarily fatal)

G

gagah   handsome

gagah perkasa   handsome, good-looking

gapura   gateway, entrance

gelisah   nervous, worried

genting   critical, tense

genting, genténg   roof tile

gerobak   barrow or cart

gigih   persistent

golok   knife, machete

gubuk   hut

H

hadir   to attend, be present
hak   right
hamba   I, humble self (very polite form of **saya**, first person)
harta   property, riches
hasil bumi   crops
hati buah pisang   blossom of the banana plant
héwan   animal, creature
hiasan   decoration
hulu   upstream

I

ibukota   capital city
Ibunda   Mother (the **-anda** prefix makes it very formal, or personal)
ibu tiri   stepmother
indera keenam   sixth sense
insya Allah   God willing (said by Muslims, from the Arabic)
istiméwa   special
itik   duck (synonym of **bébék**)

J

jahanam   hellish
jalan setapak   footpath, trail, track
janda   widow
jangankan   never mind …, not to mention, let alone
jeda   pause
jelmaan   incarnation
jenazah   corpse, dead body
jenuh   bored, tired
jilatan   lick
jiwa dan raga   body and soul
jodoh   life partner
jubah   cloak, cape
judul   title

justru   in fact, in point of fact

K

kabar burung   gossip (lit. "bird news"), a little bird told me
kakak-beradik   to be siblings, brother and sister
kalian   you (plural)
Kaltim (Kalimantan Timur)   East Kalimantan province
'kan   isn't it, don't you (question tag; short form of **bukan**)
kangen   longing; to miss or long for someone or something
Kanjeng   Javanese form of address to royalty
kapak   axe
keadilan   justice
keanékaan hayati   biological diversity
kearifan   wisdom
keberhasilan   success
keburu   (slang) too late (lit. "in a hurry")
keharusan   a must, a necessity
kejanggalan   awkwardness
kekejaman   cruelty
kekerasan   violence
kekuasaan   authority, power
kelak   later, in the future
kelapa gading   yellow-tinged coconut, golden coconut (lit. "ivory coconut")
kemahiran   prowess, skill
kemalangan   ill-fortune, bad luck
kemari   here, to this place
kemas, mengemas   to pack up; package
kembar   twins
kenegaraan   state
kenyamanan   comfort
kepribadian   personality
kepulauan   archipelago
keramat   sacred

kerucut cone
kesadaran awareness
kesalahan mistake
kesejahteraan welfare
kesempatan opportunity, chance
kesultanan sultanate
ketaatan obedience
ketenteraman peace, harmony
ketiak armpit
ketinting boat with motor, commonly used as river transport
keuletan hard work, dedication
kezaliman cruelty
khasiat benefit, special property
kisah story, tale
kitab book (esp. a holy book)
kocar-kacir in all directions, without order
korban victim
kukuh strong
kuli angkut wharf laborer, dockside worker
kunyit turmeric
kutukan curse

L

lakon play
lalu pass by
lama-kelamaan over time, as time went by
lamaran proposal
lambang symbol
lancang rude
lancip pointy, sharp
langit sky
laporan report
layak deserving, fitting, worthy
layangan mail, sending of a letter
lega relieved
leluhur ancestor
lincah lively, agile
luhur noble

luluh to soften, melt
lupa diri to forget oneself
lusuh shabby

M

mahkamah supreme court or council
mahkota crown
makam grave
makhluk creature
makmur prosperous
malah on the other hand, conversely
malang unlucky, unfortunate, sad
malapetaka calamity, disaster
maling thief, burglar
mangkat passed away, died (of a noble person)
manja spoilt
masa, masak, masakan (exclamation of disbelief) impossible, how can it be?
matur suksma thank you (Balinese)
megah splendid, grand
melajang to be single
melalu-lalang to go to and fro, back and forth
melamar to propose
melanda to strike down
melanggar to break, go against (a law)
melayang to fly, soar, glide
meluap to overflow, flood
melukai to injure, harm, hurt someone
memandang to view
memanén to harvest
membantah to deny
membanting tulang to work hard, work one's fingers to the bone
membasahi to wet
membenturkan to hit
memberkati to bless
memberlakukan to enforce, validate
membuktikan to prove

memburu to hunt

mementaskan to put on, perform

memérah to go red

memerankan to play the role of

memeriahkan to liven up, make fun, entertain

memerintahkan to order

memesona attractive, engaging

memetik to pick

memintal to spin (thread)

mempercayakan to trust with, entrust

memperisteri to marry, make one's wife

memperjodohkan to marry off, arrange a marriage

memperkosa to rape

mempermalukan to bring shame upon, embarrass

mempersiapkan to prepare (someone or something)

memperuntukkan to provide something for someone

menabung to save

menaklukkan to conquer

menancapkan to stick into

menangkap to arrest, detain

menawan strong, powerful, attractive

menceburkan to throw into (water)

mencekam menacing, scary

mencelakai to harm someone

menciptakan to create

mencubit to pinch

mendampingi to accompany (someone)

mendapatkan to gain

mendatangi to approach, come to someone

mendéwakan to deify, put on a pedestal

mendiang late, former (of someone deceased)

menegakkan to uphold, enforce

menelusuri to follow (a trail)

mengabulkan to grant a wish or prayer

mengacungkan to raise, hold up, flick

mengaduk-aduk to stir up

mengagumi to admire someone

mengakibatkan to cause, result in

mengalami to experience

mengamati to observe carefully, take note of

mengancam to threaten

menganiaya to abuse, mistreat

mengasingkan to exile, banish

mengéjék to tease, bully

mengelu-elukan to praise, sing the virtues of

mengemas to package

mengembalikan to return something

mengenali to know someone

menggali to dig

menggasak to seize

menggelar to roll out, spread out

menggenangi to flood, inundate

menggoncang to shake

menghamili to get a woman pregnant, impregnate

menghanyutkan to cast (something away)

menghardik to shout (at)

menghindari to avoid

menghormati to respect someone

menghuni to inhabit

menginjak to step on

mengintip to peek (at)

mengisahkan to tell a story

mengocéh to babble

mengolok-olok to make fun of

menguasai to control, have power over

mengucapkan to express something

mengungkit-ungkit to bring up, dredge up

menguras to drain

mengurung diri to stay inside, lock yourself in

mengurus to look after, take care of

menimbun to pile up, hoard

menjadi orang to become someone successful, to be a good person

menjajakan to sell or hawk food

menjelma   to turn into, become
menjodohkan   to match, matchmake
menobatkan   to install, inaugurate
menombak   to spear
menonjol   sticking out, protruding
menuduh   to accuse someone
menumpangi   to ride on
menumpuk   to pile up, to be piled up
menunjukkan   to point out something, show
menurutku   to follow; according to
menyakitkan   to hurt someone or something; painful
menyamar   to masquerade or be in disguise
menyanggupi   to undertake, say you will do something
menyebar   to spread out
menyeberang   to cross (over)
menyelam   to dive
menyelamatkan diri   to save oneself
menyelinap   to slip or sneak out
menyérét   to drag
menyerupai   to resemble, look like
menyesal   to regret
menyetujui   to approve
menyibukkan   to keep busy
menyimak   to listen very carefully
menyinari   to shine a light on
menyingkirkan   to sideline, cast aside
merajut   to knit, crochet
merangkul   to embrace
meratapi   to lament
merawat   to look after, care for
merebut   to seize
merenungkan   to contemplate, think about
merépotkan   to bother
merestui   to agree to, give your blessing to
meriah   cheerful, happy, loud (of a party)
merobohkan   to knock down
merugikan   to disadvantage

merujuk   to refer to, use as a reference
merundung   to bully
muak   fed up
muara   mouth, estuary
murai   magpie
mustahil   impossible
musuh   enemy
mutiara   pearl

N

naik takhta   to ascend to the throne
nasihat   advice
nasi tumpeng   a tall cone of rice, traditionally colored yellow
nestapa   suffering, pain
nun   (literary) located, literary form of **yang**
Nusantara   (literary) Indonesia (lit. **nusa antara**, the islands between)
nyawa   life

O

obor   torch (old-fashioned, with a flame)
Om Shanti Shanti Shanti Om   closing on formal occasions in Bali, of Sanskrit/Hindu origin
Om Swasiastu   greeting on formal occasions in Bali, of Sanskrit/Hindu origin
onggokan   pile, heap

P

paham   to understand
pala   nutmeg
Panembahan   Prince, Lord (archaic Javanese title)
panén   harvest
panglima   commander
panjat   to jump

pasangan partner

patah semangat lose heart, be broken-spirited

patih Vice Regent (powerful position in kingdoms past)

patung (stone) statue

payah grave, severe

pecalang traditional policeman in Bali

pejabat official

pelapor plaintiff

pelarian escape

pelayaran voyage

pelindung protector

pelipis temple

peluang opportunity, chance

pelukan hug

pemaaf forgiving; a forgiver

pemandu wisata tour guide

pemasungan being held in stocks

pembukaan opening (of)

pemerintah government

pemuda-pemudi young men and women, youth

penasaran curious

pencerahan enlightenment

pencipta creator

pendamping hidup life partner

pendékar fighter

penganiayaan abuse

pengawal guard, bodyguard

pengecut coward

penghargaan appreciation, award

penghidupan livelihood, making a living

penghuni inhabitant, resident

pengingkaran breaking, reneging of

penjajahan colonial; colonialism

pentas seni artistic performance, play; performing arts

penyakit menular infectious or contagious disease

penyerang attacker

perampasan aggravated theft

perbuatan tidak menyenangkan offensive behavior

perlawanan fight against, opposition

permohonan request

perpisahan separation

persenjataan weapons

pertimbangan consideration

pésta pernikahan wedding reception

pesut dugong, Irrawaddy dolphin

peta map

petapa hermit

petunjuk sign, indicator

pihak berwajib authorities

pinangan marriage proposal

pinta (formal) request (**minta, meminta** = to ask)

polsék police station (for a certain "sector")

pondok hut

pucuk dicinta ulam pun tiba hopes were exceeded

pulen delicious (of rice)

pun also (formal construction)

pura Hindu temple on Bali (other Hindu temples are **kuil** or **candi**)

pusaka heritage

putera mahkota crown prince (**putera** = prince, **mahkota** = crown)

putra child, son (respectful form of **anak**)

putus asa to lose hope, give up

R

raib disappeared

raksasa giant

rakus greedy

ranting twig, small branch, stem

rawat, merawat to look after, care for

remaja teenager, unmarried young person

résénsi, ulasan review

rimbun leafy

rumah betang longhouse (traditional Dayak dwelling)

S

sakit keras gravely ill, grave illness

sakti magic power or strength

salah satu one of

sama sekali (not) at all

samudera ocean

sang the (used before the name of someone respected)

sanggar (artistic) workshop (lit. "nest")

sarat full of

saudagar merchant

sawo matang brown-skinned (like a ripe **sawo** fruit)

seantéro whole, throughout

sebagaimana as, in a way of

sebatang kara one and only

sederhana humble, simple

segan reluctant

sehari-hari daily

sekian dulu that's all for now (standard ending for letters, lit. "thus far, first")

seksama careful, carefully

selamatan traditional meal to give thanks

selayak as, fitting

selokan drain, gutter (by the side of the road)

semangat spirit, passion

semangkuk a bowl

sembuh to recover, get well

sembunyi to hide

semedi meditation

semilir gentle breeze, zephyr

sengsara miserable, suffering

seolah as if, like

seonggok, onggokan a pile, heap

sepucuk counter for long, thin items

(**sepucuk surat** = a letter)

sepupu cousin

serangan attack

setara equal to, the same as

seterusnya from then on

silsilah family tree

singgasana throne

sinyal signal

sirip fin

sisipan insertion

subak irrigation system specific to Bali

suci pure

sulung eldest (child of siblings)

sumbang incest

sumur well, bore hole for water

sunatan circumcision

sunyi quiet, silent

surau (Muslim) prayer house

sutradara director

T

tangan kanan henchman, agent (lit. "right hand")

telak knockout

teluk bay

tembawang meeting place, center of a community

temenggung community leader

tendang kick

tenggelam to drown, sink

tengkurap lying on your front

téngok, menéngok to look (synonym of **melihat**)

tenun weaving

terancam threatened

terangkat lifted

térapi bayi tabung IVF (lit. "test-tube baby therapy")

terbenam buried, set

tercécér scattered (of objects)

tergoda to be tempted

terhanyut drifting, cast away

terharu touched, emotional

teriakan shouts, cries

terkabulkan to be granted

terkenal famous, well-known

terlapor (alleged) offender

terlentang lying on your back

terletak to be located, lie

ternganga yawning wide open

terpuji praised, lauded

terpukau impressed, amazed

terpukul disappointed

terputus interrupted, cut off

tersedu-sedu in sobs (of crying)

terselamatkan saved, rescued

tersentuh touched

tersérét to be dragged by

tersesat lost (their way)

tersingkir, tersingkiri(kan) sidelined, cast aside

tersungkur slumped

tertuang as written, as indicated (lit. "poured out")

tidak senonoh rude, impolite, undignified

tidak sudi unwilling

tidak terkira incalculable, unable to be guessed at

tidak usah no need, not necessary

tindak pidana criminal offense

tingkah laku behavior

tiupan blow, puff

totem totem, special symbol of an ethnic group

'tuk (short for **untuk**) to

tutur to speak, utter (of someone respected)

U

ulasan review

uraian list; chronology

usia age (of a respected person)

utusan envoy

W

wafat to pass away (of a respected person)

wangsit vision

waras (mentally) healthy

was-was nervous, uneasy

watak characteristic

WIB (Waktu Indonesia Barat) Western Indonesian Time

WIT (Waktu Indonesia Timur) Eastern Indonesian Time

WITA (Waktu Indonesia Tengah) Central Indonesian Time (in Kalimantan, Bali, Lombok)

Y

yaitu that is, i.e.

yatim orphan (especially without a father)

Z

zaman dahulu kala in the past, long ago

zat vitamin, element, essence

🎧 Audio Tracklist

How to access the audio recordings for this book:

1. Check to be sure you have an internet connection.
2. Type the URL below into your web browser.
   www.tuttlepublishing.com/indonesian-stories-for-language-learners-audio-online-content

For support you can email us at info@tuttlepublishing.com.

About the Authors
Katherine Davidsen and **Yusep Cuandani** are experienced language teachers who use the texts in this book in their high school classes at international schools in Jakarta to fulfill the requirements for international Baccalaureate and Cambridge IGCSE curriculum courses in Indonesian langauge and culture.

About the Illustrator
Tante K Atelier has been working as a visual artist since 2006, mainly in water-based paintings. She has held four solo exhibitions, and participated in biennales and group exhibitions, in Indonesia and other countries.

"Books to Span the East and West"

Tuttle Publishing was founded in 1832 in the small New England town of Rutland, Vermont [USA]. Our core values remain as strong today as they were then—to publish best-in-class books which bring people together one page at a time. In 1948, we established a publishing outpost in Japan—and Tuttle is now a leader in publishing English-language books about the arts, languages and cultures of Asia. The world has become a much smaller place today and Asia's economic and cultural influence has grown. Yet the need for meaningful dialogue and information about this diverse region has never been greater. Over the past seven decades, Tuttle has published thousands of books on subjects ranging from martial arts and paper crafts to language learning and literature—and our talented authors, illustrators, designers and photographers have won many prestigious awards. We welcome you to explore the wealth of information available on Asia at **www.tuttlepublishing.com**.

Published by Tuttle Publishing, an imprint of Periplus Editions (HK) Ltd.

www.tuttlepublishing.com

Copyright ©2021 by Periplus Editions (HK) Ltd.
Cover image Copyright © Nyoman Budiarta, from a painting *Menyambut Musim Tanam*

Illustrations by Tante K Atelier

LCCN 2021936475

ISBN 978-0-8048-5309-5

Distributed by

North America, Latin America & Europe
Tuttle Publishing
364 Innovation Drive
North Clarendon, VT 05759-9436 U.S.A.
Tel: 1 (802) 773-8930; Fax: 1 (802) 773-6993
info@tuttlepublishing.com
www.tuttlepublishing.com

Indonesia
PT Java Books Indonesia
Jl. Rawa Gelam IV No. 9
Kawasan Industri Pulogadung
Jakarta 13930
Tel: (62) 21 4682-1088; Fax: (62) 21 461-0206
crm@periplus.co.id; www.periplus.com

Asia Pacific
Berkeley Books Pte. Ltd.
3 Kallang Sector #04-01
Singapore 349278
Tel: (65) 6741-2178; Fax: (65) 6741-2179
inquiries@periplus.com.sg
www.tuttlepublishing.com

First edition
26 25 24 23   6 5 4 3 2
Printed in China   2309CM

TUTTLE PUBLISHING® is a registered trademark of Tuttle Publishing, a division of Periplus Editions (HK) Ltd.